Über das Buch

Seit nun 100 Jahren setzt das von Carl Miele und Reinhard Zinkann gegründete Familienunternehmen, das heute in dritter Generation geführt wird, Qualitätsmaßstäbe im Haushaltsbereich. Viele Pionierleistungen, die der Hausfrau die tägliche Arbeit erleichtern, stammen von Miele. Schon 1911 wurde die erste Waschmaschine mit eigenem Elektromotor entwickelt, heute sind die Waschmaschinen mit modernster Steuerungselektronik ausgestattet.

Über die Autorin

Marion Steinhart, geboren 1965 in Baden-Baden, studierte Theaterwissenschaften, Germanistik und Politik und absolvierte eine Ausbildung zur Kommunikationsfachwirtin. Sie arbeitet als freie Journalistin in München.

Marion Steinhart

Carl Miele

Ullstein · Made in Germany

Ullstein Taschenbuchverlag 2000
Der Ullstein Taschenbuchverlag ist ein Unternehmen der
Econ Ullstein List Verlag GmbH & Co.KG, München

Originalausgabe

Umschlaggestaltung: Simone Fischer und Christof Bernd
Unter Verwendung von Fotos der Miele & Cie. GmbH & Co., Gütersloh
Gesetzt aus der StempelSchneidler
Redaktion und Satz:
Kontor für Kultur und Kommunikation Saur GmbH, Ebenhausen
Grafik: Georg Lehmacher, Friedberg
Druck und Verarbeitung: Clausen & Bosse, Leck
Printed in Germany
ISBN 3-548-36255-9

Inhalt

Made in Germany

Das britische Handelsmarkengesetz schrieb im August 1887 vor, dass industriell erzeugte ausländische Waren mit der Herkunftsbezeichnung zu versehen seien. Auf diese Weise wollte man ausländische Produkte vom einheimischen Markt fernhalten, denn das früh industralisierte England hatte bis zur Mitte des 19. Jahrhunderts mit seinen Produkten einen großen Qualitätsvorsprung gegenüber allen anderen Ländern. Doch mit dieser Einschränkung war es ab 1870 vorbei und man musste sich etwas einfallen lassen, um diese Marktposition weiterhin zu sichern. Die Kennzeichnung „Made in Germany" sollte vom Kauf vermeintlich schlechter Qualitätsprodukte abhalten. Das Gegenteil traf ein: Deutschland holte durch den Boom der Gründerjahre schnell auf und etablierte eine konkurrenzfähige und sehr qualitätsbewusste Industrie. Was als Verkaufsbremse gedacht war, entwickelte sich zu einem Gütesiegel deutscher Wertarbeit. Klassische Vertreter dieses Gütesiegels sind die deutschen Markenprodukte. Besonders sie stehen für Qualität, Genauigkeit und Zuverlässigkeit, auf die sich der Verbraucher verlassen kann. In der Branche der Haushaltsgeräte nimmt das westfälische Unternehmen Miele bis heute eine Ausnahmeposition ein. Als eine der wenigen Marken hat Miele über Jahrzehnte sein Qualitätsversprechen gehalten und ist bis heute im Segment Haushaltsgeräte führend.

Die Zeiten waren ideal, als der 30-jährige Carl Miele zusammen mit seinem Geschäftspartner Reinhard Zinkann 1899 seine „Centrifugenfabrik" gründete. Deutschland hatte sich als Industrienation etabliert, in Wissenschaft und Technik wurden bahnbrechende Erfindungen und Entwicklungen gemacht, Verkehr und Kommunikation erreichten neue Dimensionen, die notwendige Infrastruktur war vorhanden.

Carl Miele hatte von Anfang an keinen idyllischen Handwerksbetrieb geplant, sondern strebte die serielle Fabrikation und die industrielle Fertigung von Haushaltsgeräten und landwirtschaftlichen Maschinen an. Das partnerschaftliche Verhältnis zu Reinhard Zinkann, das trotz unterschiedlicher privater Interessen von gegenseitigem Vertrauen und Respekt gesprägt war, bestimmte den Umgangston und das Klima in der Firma. Hier ergänzten sich zwei Unternehmertypen aufs Beste. Auch heute noch ist das respektvolle Miteinander der beiden Gründerfamilien untereinander und der Unternehmensleitung und Mitarbeiter auf diese Tradition zurückzuführen.

Eine gute Portion westfälischer Eigensinn und ein gewisses Sendungsbewusstsein ist sowohl bei den Gründern als auch bei den Mitarbeitern der ersten Stunde feststellbar. Dies äußerte sich zum Vorteil der Firma darin, dass so lange an den Produkten und den Dienstleistungen gefeilt wurde, bis sie wirklich zum Besten gehörten, was man zu diesem Zeitpunkt liefern konnte.

Im Rückblick erscheint heute erstaunlich, wie clever Carl Miele sein Unternehmen strukturiert und geplant hat. Obwohl im ausgehenden 19. Jahrhundert noch niemand von Marketing oder Vertriebsstrategien sprach, traf der Firmengründer in den richtigen Momenten genau die richtigen Entscheidungen. Grundlage des unternehmerischen Erfolgs war natürlich das erstklassige Produkt. Hinzu kamen ein immer größer werdendes Vertriebsnetz und die klare Positionierung im hochwertigen Preissegment, ergänzt durch eine soziale Personalpolitik. Schon in den ersten Jahren betrieben Carl Miele und Reinhard Zinkann Marktforschung – was freilich niemand so nannte – und ließen die Erkenntnisse in neue oder verbesserte Produkte einfließen.

Die Söhne von Carl Miele und Reinhard Zinkann übernahmen 1938 zwar ein gesundes Unternehmen, mussten es aber durch die schwierige Zeit des Krieges und des Wiederaufbaus führen und die Weichen für die Internationalisierung stellen. In seiner über hundertjährigen Geschichte hat Miele allen Konjunkturschwankungen trotzen können, ein Beweis für die weitsichtige, aber dennoch immer vorsichtige Geschäftspolitik. Das Unternehmen ist nach wie vor in Familienhand, die vierte Generation von Miele und Zinkann ist jüngst ins Management eingetreten. Produziert wird immer noch in Deutschland – nur in Österreich gibt es noch eine weitere Produktionsstätte. Ganz in der Nähe der westfälischen Heimat garantieren heute acht Werke für eine wirkliche Qualität „made in Germany".

Ein Meteor für Miele

Die Geschichte der Firma Miele & Cie. beginnt in dem kleinen westfälischen Städtchen Herzebrock. Erstmals urkundlich erwähnt wird der Name „Miele" in Unterlagen des Klosters Herzebrock im Jahr 1592. Die Schreibweise änderte sich im Laufe der Zeit von „Mihle" über „Mehle", „Myle", „Mile", „Miehle" bis zum heutigen „Miele", da es bis ins 18. Jahrhundert noch keine einheitliche Rechtschreibung gab und jeder den Namen schrieb, wie er ihn verstand.

Gerhard Miele, der Vater von Carl Miele, stammte aus einer Bauernfamilie, die auf dem nach der Familie benannten Kotten Miele in Herzebrock lebte. Da die Erbregelung aus dem 18. Jahrhundert in dieser Gegend bestimmte, dass jeweils der jüngste Sohn oder die jüngste Tochter den Kotten übernahm, wurde 1867 Carl Christoph Miele, der jüngere Bruder von Gerhard, Hoferbe. Als zweitältestes Kind und ältester Sohn hatte Gerhard keinen Anspruch auf das Hoferbe und so entschloss er sich, Maurer zu werden.

Am 25. September 1867 heiratete er Maria Anna Sander, verwitwete Wittop. Er war 27, Maria Anna 40 Jahre alt. Mit ihrem ersten Mann Anton Wittop, mit dem sie den Kotten Wittop bewirtschaftet hatte, hatte Maria Anna bereits drei Kinder, Friedrich, Anna und Franz. Mit fast 42 Jahren brachte sie am 25. Juli 1869 ihren Sohn Carl zur Welt, der das einzige Kind aus dieser Ehe blieb.

Man weiß wenig über die ersten Lebensjahre und die Schulzeit von Carl Miele. Von 1875 bis 1883 besuchte er die Herzebrocker Schule, die seit 1817 in einem Seitenflügel des Klostergebäudes untergebracht war. Da er als Kind aus zweiter Ehe keine Aussicht hatte, den Kotten Wittop zu erben, musste er sich, wie zuvor sein Vater, einen Beruf außerhalb seines Elternhauses suchen. Viele Möglichkeiten gab es damals auf dem westfälischen Land nicht. Arbeit war zwar genug vorhanden, doch bestand diese vor allem aus einfacher Landarbeit auf den Höfen und deren Nebenbetrieben. Angespornt durch das Beispiel seines Vaters und mit dessen Unterstützung ließ Carl sich von 1884 bis 1888 im Bauwesen ausbilden, da sich sein technisches Talent schon früh abzeichnete. Anschließend besuchte er für kurze Zeit die Technischen Fachschulen der Stadt Buxtehude, um seine Kenntnisse zu erweitern. Eine mutige Entscheidung der Eltern, ihren noch jungen Sohn eine Schule besuchen zu lassen, die so weit weg lag, doch sie zeugt davon, dass die Eltern den Lebensweg ihres Sohnes unterstützen. Am 25. März 1888 erhielt er ein Abschlusszeugnis, das heute einem Fachschulabschluss oder mindestens einem Gesellenbrief gleich kommt. Darin hieß es: „Derselbe hat die Aufgaben-Lösungen gut gezeichnet und konstruktiv gut durchgebildet, abgeliefert."

Da Carl Miele seine Militärpflicht beim 15. Infanterieregiment in Minden erfüllen musste, konnte er erst anschließend im väterlichen Baugeschäft arbeiten. Aus dieser Zeit sind einige Gebäude erhalten, die von ihm geplant wurden. So baute er als 24-Jähriger 1893/94 das St. Joseph Spital in Herzebrock und fertigte die Bauzeichnungen für das neue Armenhaus in Herzebrock-Pixel an. Zusammen mit einem anderen Bauunternehmer errichtete er in Ennigerloh einen Kirchenbau. Zusätzliches Geld verdiente er sich auch durch Gefahrenzulagen beim Bau von Industrie-Schornsteinen.

Im Jahr 1895 setzte Carl Miele die entscheidenden Weichen für seine Zukunft. Das Bauhandwerk wurde ihm zu einseitig und er begann sich mehr und mehr für andere unternehmerische Aktivitäten zu interessieren. In diesem Jahr lernte er auch seine zukünftige Frau kennen. Während der Arbeit als Maurermeister auf dem Hof Westermann-Grothues begegnete er Katharina Zuwickern, einer Nichte der Familie. Sie entstammte dem Hof Grewe in Quenhorn, war aber verwaist und lebte als Lehrköchin bei ihren Verwandten. Diese drängten darauf, dass sie den elterlichen Hof übernehmen solle, aber mit 17 Jahren fühlte sie sich noch zu jung dazu und scheute auch die anstrengende, verantwortungsvolle Hofarbeit. Der zielstrebige Carl imponierte ihr, so dass sie bald auf die gehobene Stellung als „Megerschke“ – als Bäuerin – verzichtete und ihn am 22. April 1896 heiratete.

Trauzeugen waren Heinrich Zuwickern und Franz Wittop, Carls Halbbruder, der drei Jahre später Anna Zuwickern, die jüngere Schwester von Katharina, heiratete und dadurch zum Schwager seines Halbbruders wurde. Zu seinen Geschwistern hielt Carl Miele zeit seines Lebens engen Kontakt und hatte mit ihnen auch gemeinsamen Besitz. Die Ehe zwischen Carl und Katharina dauerte 42 Jahre – Katharina überlebte ihn um elf Jahre – und kann als sehr glücklich angesehen werden. Beide waren bescheidene Menschen, die durch den katholischen Glauben von ihrer sozialen Verantwortung überzeugt waren. Ein starker Wille und viel Energie waren Triebfedern für den Erfolg des Unternehmens, auf das sich Carl Miele dank der Unterstützung seiner Frau voll konzentrieren konnte.

Er war voller Pläne und kaufte 1895 von den Erben des Herzebrocker Gemeindevorstehers und Landvermessers Friedrich Wilhelm Breme dessen Baustoff- und Eisenwarenhandlung an der Clarholzer Straße. Insgesamt Gebäude und Flächen von 9932 qm,

„bestehend aus einem Wohnhaus mit massivem Anbau nebst Garten in einer ungefähren Größe von 3 1/2 Morgen". Das Grundstück besaß eine besonders günstige Verkehrslage. Hier kreuzten sich die Straßen von Münster nach Lippstadt und von Gütersloh nach Oelde, ebenso wichtig war die neue Strecke der Westfälischen Landeseisenbahn, die 1887 zwischen Münster, Rheda und Lippstadt fertig gestellt worden war. Das Breme-Haus stand in der Nähe des Bahnhofs und hatte Verladegleise jenseits der Straße, so dass viele sperrige Güter über das ideale Transportsystem der Bahn bewegt werden konnten. Hier zog Carl Miele nach seiner Heirat mit Katharina ein. Diese konnte durch den Verkauf des elterlichen Hofes einiges an Geld zum Aufbau des Geschäftes beisteuern. Glücklicherweise waren keine langen mageren Jahre zu überstehen, denn die Firma war von Anfang an finanziell erfolgreich.

1887

Gottlieb Daimler erprobt erstmals ein automobiles Fahrzeug, das mit einem von ihm entwickelten Motor fährt. Ein Jahr zuvor hat Karl Benz einen von ihm konstruierten Einzylinder-Viertakt-Benzinmotor zum Patent angemeldet.

Carl Miele verstand die gesellschaftlichen Umbrüche zu nutzen, von denen das ausgehende Jahrhundert gekennzeichnet war. Den Gründerjahren, die nach dem gewonnenen Frankreich-Krieg 1870/71 zu einem Erblühen der Wirtschaft in Deutschland geführt hatten, folgte zwar eine anhaltende Wirtschaftskrise gegen Ende der siebziger Jahre. Nach der Thronbesteigung Kaiser Wilhelms II. im Jahr 1888 fand jedoch der endgültige Übergang Deutschlands vom Agrar- zum Industriestaat statt.

Neben USA und Großbritannien wurde Deutschland zu einer der drei großen Industrienationen. Dieser industrielle Aufstieg und die wirtschaftliche Konzentration gingen einher mit einem deutlichen Bevölkerungswachstum, die sozialen Strukturen veränderten sich – auch in Westfalen. Hier wechselten viele kleine Landwirte, Knechte und Tagelöhner in die neue urbane Arbeitswelt der technisierten Gewerbebetriebe, um ihren bisher ärmlichen Einkommensverhältnissen zu entkommen. Auch die Landwirte waren durch die abwandernden Arbeitskräfte gezwungen, sich den technischen Neuerungen zu öffnen und mit weniger Arbeitskraft einen höheren Betrag zu erwirtschaften. Daraus ergaben sich für Carl Miele in den kommenden Jahren unterschiedliche Käuferschichten.

Der junge Unternehmer setzte die Baustoffhandlung Breme fort, verkaufte Baumaterialien unterschiedlichster Art, vom „Portland-Cement" über Stacheldraht zum Bauholz, und dehnte das Geschäft auf Haushaltsartikel und Küchengeräte aus. Er bot „Sparherde, Guss, emailliert und roh" an, „französische Viehkessel", Dezimalwaagen, Buttermaschinen und Milchzentrifugen, wie wir Anzeigen in der lokalen Presse entnehmen können. Da er immer an technischen Verbesserungen interessiert war, produzierte er in einer bald darauf gegründeten „Cementwaren-Fabrik" Zement-Flurplatten, Patent-Dachfalzziegel, Zementrohre und Tonplatten. Seinen geschäftlichen Weitblick bewies er, indem er 1896 das „Allein-Anfertigungsrecht der in allen Staaten paten-

Firmengründer Carl Miele

tierten Zement-Doppelfalzziegel" erwarb. Der Unternehmergeist von Carl Miele, der vor nichts Neuem zurückschreckte, beeindruckt heute. Schließlich hatte er keinen erfahrenen Partner an seiner Seite, als er 25-jährig in die Selbstständigkeit startete, und war erst einmal Inhaber, Chef und Verkäufer in einer Person.

1897 erweiterte er das Breme-Gebäude für den gewerblichen Teil und seine private Wohnung mit einem dreistöckigen Anbau, dessen Fassade in geschwungenen Linien aus Stuck der Jugendstilarchitektur der Jahrhundertwende entsprach. In diesem Jahr wurde sein erster Sohn Carl geboren, im Jahr darauf Tochter Aenne, später noch die Töchter Elisabeth und Maria und Sohn Heinrich.

1896

In Athen finden durch die Initiative von Baron de Coubertin die ersten Olympischen Spiele der Neuzeit statt. Sie sollen die Jugend der Welt zum edlen Wettstreit zusammenführen nach dem Motto „Siegen ist Nichts, dabei sein ist alles".

Da er sich nie mit dem Erreichten zufrieden gab, suchte Carl Miele nach neuen Betätigungsfeldern. Dafür wählte er sich einen Artikel aus dem Sortiment seiner Baustoff- und Haushaltsgerätehandlung: die Milchzentrifuge. Hier konnte er sein technisches Können und seine Fähigkeiten als Konstrukteur ausprobieren. Um diese Zeit gab es zwar bereits um die dreißig Zentrifugenfabriken in der näheren Umgebung, aber Miele war überzeugt, dass er Besseres liefern konnte. Mit dem Schlosser und Dorfschmied Arnold Steinker gründete er 1897 die Firma „Miele & Steinker". Sie entwickelten ein eigenes Modell einer Milchzentrifuge, das sich sehr bald gut verkaufte.

1898 kaufte Miele das sogenannte „Zumbusch-Haus" in Herzebrock, Geburtshaus des Bildhauers Caspar Ritter von Zumbusch, und die daneben liegende Nöllmannsche Säge- und Kornmühle. Nicht die Mühle war ihm wichtig, sondern die dort installierte Dampfmaschine, die die damals größte Energiekapazität Herzebrocks hatte und mit der er Bohrmaschinen und Drehbänke antreiben wollte. Hier kamen die Produktion des jungen Unternehmens, das Maschinenhaus und die Holzverarbeitung unter. Im Zumbusch-Haus wurden die kaufmännische Verwaltung, die Packerei und die Schlosserwerkstatt eingerichtet.

Die Zusammenarbeit mit Arnold Steinker dauerte nur zwei Jahre, da Carl Miele und er nicht das gleiche unternehmerische Temperament hatten. Arnold Steinker wollte weiterhin Schmied bleiben, Carl Miele strebte nach Höherem. In einem Rundschreiben teilte er am 26. Juli 1899 allen Geschäftsfreunden mit, „dass Herr A. Steinker aus meiner unter der Firma Miele & Steinker geführten Centrifugenfabrik ausgetreten ist, und ich das Geschäft mit allen Aktiven & Passiven übernommen habe. Gleichzeitig erlaube ich mir, Ihnen mitzuteilen, dass mit dem heutigen Tage Herr Reinhard Zinkann als Teilhaber bei mir eingetreten ist, um mit mir die Centrifugenfabrik für gemeinschaftliche Rechnung unter der Firma Miele & Cie fortzuführen. Unser beiderseitiges Bestreben wird dahin gerichtet sein, nur gute Maschinen zu liefern, und bitte ich, das der früheren Firma geschenkte Vertrauen auch auf die neue übertragen zu wollen.“ Mit Wirkung zum 1. Juli 1899 wurde die neue Firma im Handelsregister von Rheda eingetragen.

Reinhard Zinkann wurde im gleichen Jahr wie Carl Miele, am 13. März 1869, in Eilpe bei Hagen als Sohn des Drechslermeisters Ferdinand Zinkann geboren. Er absolvierte eine kaufmännische Lehre bei der Eisenwaren-Großhandlung Lessmann & Vollmann in Hagen. Er war bereits seit fünf Jahren als Reisender im Westen Deutschlands unterwegs, als er 1898 Carl Miele traf. Beide erkannten sofort, dass sie sich in idealer Weise unternehmerisch ergänzten: Carl Miele als innovativer Techniker und Konstrukteur, Reinhard Zinkann als Kaufmann und Händler mit vielen guten Kontakten und Erfahrung in der Eisenwarenbranche. Auch vom Wesen her waren sie sich ähnlich, da beide zuverlässig, diszipliniert und vor allem fleißig waren.

Mit seiner Frau Caroline Christiane Henriette geb. Hermes, die er 1900 geheiratet hatte, zog Reinhard Zinkann in die obere Etage des Zumbusch-Hauses. Hier kam 1904 sein Sohn Kurt Christian Zinkann zur Welt, der später sein Nachfolger werden sollte.

Die Fertigung der ersten handbetriebenen Miele-Milchzentrifuge „Meteor“ lief mit elf Mitarbeitern an. Diese waren zum einen junge Bauernsöhne, die auf dem Hof mithalfen und sich als Tagelöhner zusätzliches Geld verdienten, zum anderen handwerklich ausgebildete Männer. Sie arbeiteten zehn Stunden am Tag: von 6.30 bis 12 Uhr und nach einer zweistündigen Mittagspause, damit die Mitarbeiter zu Hause essen konnten, wieder von 14 bis 18.30 Uhr. Das Bild des ersten Mitarbeiters, Werkmeister

Firmengründer Reinhard Zinkann

Hermann Böcker, der dem Unternehmen viele Jahre lang treu blieb, hat noch heute einen Ehrenplatz in der Firma.

Miele und Zinkann fürchteten die große Konkurrenz der anderen Zentrifugenfabriken nicht. Sie sahen von Anfang an ihre Marktchance in der Qualität. „Leider beobachtet man heute, dass ein großer Teil der Landwirte beim Kauf einer Zentrifuge mehr auf den billigen Preis als auf die Qualität setzt", so ihre Aussage. Sie stellten fest, „dass eine ganze Reihe von Fabrikanten ihren Ehrgeiz darin setzt, möglichst billige Maschinen zu fabrizieren, was natürlich nur auf Kosten der Qualität gehen kann." Sie dagegen wollten ihren Kunden eine starke, gut konstruierte Zentrifuge verkaufen, die zuverlässig mit hoher Leistung arbeitete, wenig reparaturanfällig war und eine lange Lebensdauer hatte. Kurzfristig besehen ein eher umsatzschädigender Ansatz, da sich die Käufer durch die Qualität der Ware ja nur ein Exemplar in

Den Briefkopf aus den Anfangsjahren schmückte noch die Milchzentrifuge

langen Jahren kaufen mussten, langfristig besehen natürlich eine weitsichtige Geschäftsstrategie. Zufriedene Kunden empfehlen die Marke weiter und kaufen vielleicht auch noch andere Produkte aus dem Hause Miele. Markenbewusstsein und Markenimage waren damals sicher noch keine allgemein üblichen Schlagworte. Die Idee war aber hier schon tief verwurzelt.

Die besondere „Meteor"-Qualität verkaufte sich sehr gut und fand auch über Westfalen hinaus in anderen Teilen Deutschlands Abnehmer. Die Firmengründer setzten ihren ganzen Elan in das junge Unternehmen. Der Zehn-Stunden-Tag galt für sie

1900

nicht, sondern verlängerte sich nicht selten in die Abendstunden hinein. Jede Zentrifuge, die die Fabrik verließ, wurde von Carl Miele selbst mit Milch ausprobiert. Um die beste Fettausbeute für den Bauer zu garantieren, stellte er eigenhändig die Rahmschraube an der Zentrifugentrommel ein. Auch Reinhard Zinkann kümmerte sich persönlich um alle Belange seines kaufmännischen Bereichs: „Im ersten Jahr war ich Buchhalter, Reisender, Lehrling, alles in einer Person."

Am 1. Januar des neuen Jahrtausends treten das Bürgerliche Gesetzbuch (BGB) und eine Neufassung des Handelsgesetzbuchs (HGB) in Kraft.

Der Erfolg der Milchzentrifuge spornte an, und so entwickelte Carl Miele unter dem gleichen Markennamen ebenfalls im Jahr 1900 ergänzend zur Milchzentrifuge die Buttermaschine „Meteor". Die beiden Geräte gehörten einfach zusammen, denn nachdem mit der Milchzentrifuge der Rahm von der Milch separiert war, war die Buttermaschine der logische nächste Schritt, um aus dem Rahm Butter zu machen. Die Buttermaschine basierte auf einem kleinen Holzbottich aus Eichenholz, in dem ein Drehkreuz, das von einem Schwungrad mit der Hand angetrieben wurde, den Milchrahm in kürzester Zeit zu Butter schlug. Der Bedarf für diese neue Erfindung war durch den Stukturwandel in der Landwirtschaft gegeben. Die Bauern mussten ihre Höfe wirtschaftlicher bearbeiten; um die Erträge zu steigern, wurde die menschliche Arbeitskraft, wo möglich, durch Maschinen ersetzt.

Wir waschen, wir waschen ...

So wie die beiden Meteor-Produkte die Landwirte und ihre Frauen von der harten körperlichen Arbeit entlasteten, so nahm die nächste Maschine aus dem Hause Miele der Hausfrau einen Teil der Kräfte zehrenden Waschzeremonie ab. Die Idee der Waschmaschine stammt keineswegs von Carl Miele. Jacob Christian Schäffer entwickelte 1767 eine Waschmaschine nach dem Rührflügelprinzip, und schon im Jahr 1782 gab es ein englisches Patent für eine Trommelwaschmaschine. Beide Modelle setzten sich jedoch nicht durch und waren auch nicht für Einzelhaushalte gedacht. Einfache Dampfwaschmaschinen kamen in der zweiten Hälfte des 19. Jahrhunderts auf den Markt. Auf einem kleinen Ofen saß ein Aufsatz aus Blech mit einer Trommel, die mit einer Kurbel angetrieben wurde. Carl Miele wusste von diesen Geräten und erkannte, dass sie das geeignete Produkt für seine Firma waren. Er setzte seine

In dieser Herzebrocker Kornmühle begann Carl Miele mit der Produktion seiner Milchzentrifugen

rock

ganzen Fähigkeiten als Konstrukteur daran, diesen ersten Waschmaschinen ein funktionierendes und klug durchdachtes Prinzip entgegen zu setzen.

Die erste entsprechende Konstruktion von Carl Miele aus dem Jahr 1900, die ebenfalls den Namen „Meteor" erhielt, basierte auf dem gleichen technischen Prinzip wie die Butterzentrifuge. Ein Drehkreuz in einem etwas größeren Eichenholzbottich bewegte Waschlauge und Wäsche darin. Der einzige Unterschied war, dass dieses Drehkreuz hin- und hergehen musste, damit sich die Wäsche nicht aufwickelte, während das bei der Buttermaschine nicht nötig war. Warum die ersten drei Produkte aus dem Hause Miele den Namen „Meteor" erhielten, ist nicht überliefert. Vielleicht wollten die Gründer damit den Beginn eines neues Zeitalters deutlich machen. Mit der „Meteor"-Waschmaschine begann auf jeden Fall das Zeitalter der technischen Hilfsgeräte im Haushalt. Vom technische Aspekt her gesehen war der Schritt von der Holzbuttermaschine zur Holzbottichwaschmaschine klein und naheliegend. Für die Zukunft der Firma Miele war es jedoch ein großer Schritt.

Um die Jahrhundertwende bedeutete Wäsche waschen vor allem viel Arbeit und viel Zeit. Sie gehörte zum aufwändigsten Teil der Hausarbeit und war eine anstrengende und gesundheitsschädliche Schinderei, die nur von Frauen erledigt wurde. Je nach gesellschaftlicher Stellung konnte die Hausfrau diese Arbeit zwar an Dienstmädchen oder spezielle

Waschfrauen abgeben, am Aufwand änderte sich dadurch jedoch nichts. Die Wäsche musste sortiert und über Nacht eingeweicht werden. Am nächsten Morgen wurde der Kessel mit dem Waschwasser angeheizt, wofür Brennmaterial herbeigeschafft werden musste. Die eingeweichte Wäsche wurde ausgewrungen und eingeseift, Flecken mussten ausgebürstet werden. Dann kam die Wäsche in den Kessel, wo sie gekocht und gerührt wurde. Die heißen Wäschestücke wurden danach einzeln auf dem Waschbrett gerubbelt. So gereinigt, kamen sie in die Waschschüssel zum mehrmaligen Klarspülen, bis das Wasser klar blieb. Wenn die Möglichkeit vorhanden war, wurden die weißen Wäschestücke auf dem Rasen zum Bleichen ausgelegt. Die gebleichte Wäsche wurde wieder ausgewaschen und auf die Wäscheleine gehängt. Farbige Wäsche, die nicht gekocht werden durfte, musste in warmem Seifenwasser gewaschen werden, dann ebenfalls klargespült, ausgewrungen und aufgehängt werden. Wollwäsche wurde in warmem Seifenschaum ausgedrückt. An das Waschen schloss sich die aufwändige Arbeit des Bügelns, Plättens oder Mangelns an. Manche Teile wie Tischwäsche oder Herrenmanschetten wurden vorher zusätzlich gestärkt.

Die „Meteor"-Waschmaschine nahm der Wäscherin vorerst nur die Arbeit des Rührens und Rubbels ab. Immer noch musste schwere nasse Wäsche geschleppt und ausgewrungen werden. Doch die handbetriebene Holzbottichwaschmaschine war der erste Schritt, um der Hausfrau die Hausarbeit zu erleich-

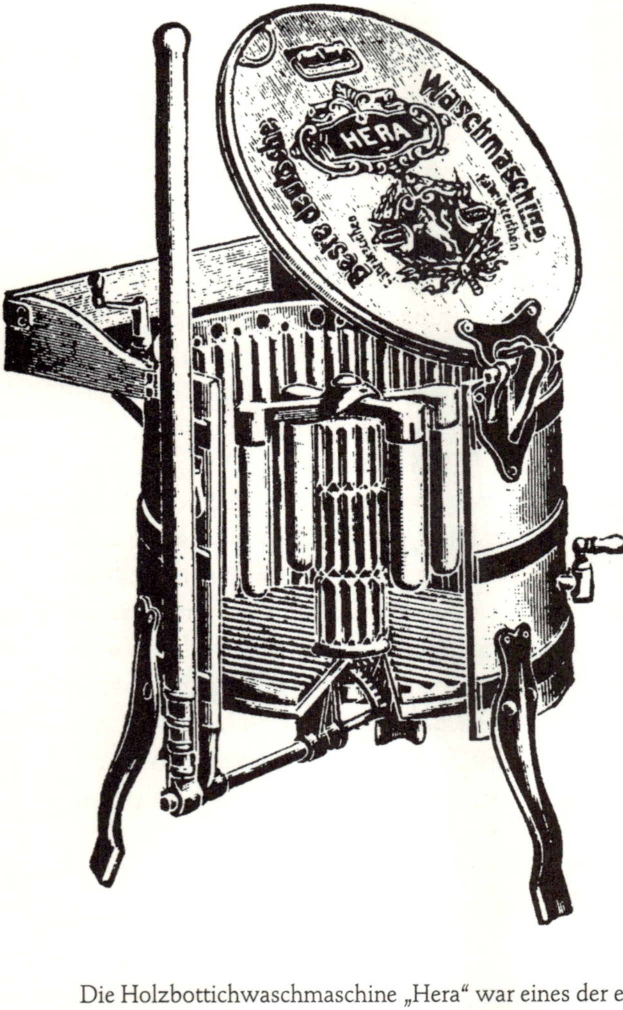

Die Holzbottichwaschmaschine „Hera“ war eines der ersten Modelle des jungen Unternehmens. Mit einem Schwunghebel wurde das Drehkreuz im Innern des Holzfasses von Hand angetrieben

tern. Carl Miele und Reinhard Zinkann – die guten Engel der geplagten Hausfrau? Sicher ist auf jeden Fall, dass sie das Gespür für eine große Marktlücke hatten, mit der Geschäft zu machen war. Und sie waren sich im Klaren darüber, dass „Meteor" erst der Anfang war, denn es gab noch viele Arbeiten im Haushalt, die von Maschinen erledigt werden konnten.

1902

In Berlin wird die erste Volkshochschule eröffnet. Ziel der Institution soll sein, mit einer freien, vom Staat unabhängigen Hochschule ein Gegenpol zu dem veralteten, mittelalterlichen Charakter der bestehenden Universitäten zu schaffen.

Da die Nachfrage stieg, weitete Miele das Modellangebot aus. 1902 kam „Hera" auf den Markt, ebenfalls eine Holzbottichwaschmaschine mit Handbetrieb. Hier begann das Miele-Marketing, denn auf dem Deckel prangte deutlich sichtbar die Modellbezeichnung „Hera". Unter dem Namen der griechischen Göttin, die als Beschützerin der Ehe und der Frau gilt, war als Fabrikzeichen das westfälische Wappentier, das springende Ross, zu sehen. Darüber hinaus hatten sich Carl Miele und Reinhard Zinkann auch schon einen Werbespruch ausgedacht, der bis heute den Qualitätsanspruch des Unternehmens ausdrückt. Rund um das Ross stand geschrieben: „Immer besser". Dazu: „Beste deutsche Waschmaschine". Die Behauptung entbehrte, wie sich zeigte, nicht der Grundlage, immerhin wurde „Hera" bis in die 30er Jahre hergestellt und erfolgreich vertrieben.

Perfekte handwerkliche Verarbeitung war der Anspruch, den sich Carl Miele und Reinhard Zinkann für ihre Produkte setzten. In den Folgejahren

tüftelte Carl Miele ständig daran, seine Geräte zu verbessern, und konnte zahlreiche Patente und Gebrauchsmuster anmelden. Er entwickelte nicht nur die Waschmaschinen, sondern auch seine Milchzentrifugen und Buttermaschinen weiter. „Immer besser“ sollten die Produkte werden, „immer besser“ auch die Bedingungen für die Kunden. In einer freiwilligen Garantieerklärung, die in Verkaufs- und Garantiebedingungen schriftlich fixiert wurde, heißt es: „Die Garantie wird für jede Maschine zweifach geleistet, und zwar:
1. dafür, dass jede Maschine, die trotz richtiger Handhabung während der 14-tägigen Probezeit keine befriedigende Arbeit leisten sollte, bei franko Retournierung zurückgenommen und umgetauscht wird;
2. für solide Ausführung und Materialverwendung in der Weise, dass wir jedes Teil, welches im Laufe der ersten 3 Jahre infolge eines Materialfehlers unbrauchbar werden sollte, ohne Berechnung unverzüglich ersetzen.“

Der Antrieb für die Waschmaschine, der bisher nur mechanisch funktionierte, war das nächste Problem, das Carl Miele lösen wollte. Die Kraft eines Motors würde vieles erleichtern. Zwar war der Elektromotor schon ein Vierteljahrhundert davor erfunden worden, aber durch die fehlende Stromversorgung in den Privathaushalten als Antrieb kaum geeignet. Deshalb brachte Miele zuerst einmal die Oberpendel-Waschmaschine auf den Markt. Die Hausfrau konnte durch das Pendel mit Schwunggewicht nun die Maschine viel leichter bewegen als mit dem bisherigen Schwunghebel.

1904 entwickelte Carl Miele die erste Kraftwaschmaschine. Genutzt werden konnte sie eigentlich nur in der Landwirtschaft und in Handwerksbetrieben, da sich hier der Transmissionsantrieb teilweise schon durchgesetzt hatte. Ein Elektromotor oder ein Verbrennungsmotor trieb über einen Riemen oft mehrere Arbeitsmaschinen an. So war es logisch, dass Miele bald neben Milchzentrifugen und Buttermaschinen auch die Waschmaschinen auf Transmissionsantrieb umstellte.

Über mangelnden Absatz konnte er sich nicht beklagen. Die Produktion wurde ständig erweitert und an den Bedarf angepasst, was mit Schwierigkeiten verbunden war. Im ländlichen Herzebrock gab es zu wenig gut ausgebildete Handwerker und Arbeitskräfte, hinzu kam, dass viele zur Erntezeit auf dem Feld arbeiten mussten. Außerdem platzten die Fabrikationsräume in der Nöllmannschen Mühle aus den Nähten. Außerdem war es dort nicht möglich, einen Gleisanschluss zu bekommen. Carl Miele wollte unbedingt einen Gleisanschluss an der Hauptstrecke Köln–Minden. Ein neuer Standort war gefragt.

Miele hatte sich schon 1904 von seinem Baustoff- und Eisenwarengeschäft gelöst und es an seinen Geschäftsführer Heinrich Sieweke verkauft. Dieser war sein erster kaufmännischer Gehilfe gewesen und hatte sich bald zum Geschäftsführer hochgearbeitet. Anfangs konnte er den verlangten Preis für das Geschäft nicht aufbringen, heiratete dann auf Anraten seines ehemaligen Chefs eine reiche Frau, worauf Carl Miele – Geschäftsmann, der er war – den Preis noch erhöhte. Das Handelshaus besteht heute noch erfolgreich unter dem Namen Sieweke.

Neuer Standort in Gütersloh

Das Unternehmen Miele ließ sich 1907 im nahe gelegenen Industriestädtchen Gütersloh nieder. Die rund 7300 Einwohner zählende Stadt hatte direkten Gleisanschluss an die Bahnstrecke Köln–Berlin. Vor allem gab es hier weitere Arbeitskräfte. Auch die Gütersloher Industrie, deren Schwerpunkt bisher auf der Fleischwaren- und Textilproduktion lag, profitierte natürlich von diesem Zuzug. Zum Zeitpunkt des Umzugs beschäftigte Miele 60 Mitarbeiter, danach bald 150 Arbeiter und Angestellte. Miele wurde schnell zum viertgrößten Arbeitgeber der Stadt, nach drei Webereien, und zur bedeutendsten aller Metallwarenfabriken.

Nicht nur die Produktion sollte am neuen Standort weiter ausgebaut werden, sondern vor allem auch der Vertrieb. Dieses Gebiet war von Reinhard Zinkann bisher schon bestens betreut worden. Nun verlegte er seinen Wohnsitz nach Darmstadt und gründete hier eine Werksniederlassung, um von hier aus den Verkauf der Miele-Produkte, zunächst in Süddeutschland, zu forcieren. Die Miele-Vertriebsorganisation, ihrer Zeit vom Marketing-Aspekt her organisatorisch weit voraus, war geboren. Bald eröffnete Reinhard Zinkann in Frankfurt/Oder, München und Halle weitere Niederlassungen, Filialen unter eigener Firma, die zum Bindeglied zwischen Werk und Handel wurden. Die Mitarbeiter in den Filialen unterstützten die Händler bei der Beratung der Kunden, beim Absatz und beim Kundendienst.

1907

Mit dem Ziel, eine ästhetische Modernisierung von handwerklicher und industrieller Produktion zu erreichen und damit deutsche Produkte international erfolgreicher zu machen, gründet sich in München der Deutsche Werkbund.

In Gütersloh hatte Miele eine Pumpen- und Metallwarenfabrik an der Mauerstraße mit direktem Gleisanschluss übernommen, die nun systematisch ausgebaut wurde. Zu der vorhandenen Bronzegießerei kamen eine Eisen- und Metallgießerei und eine Fassfabrik dazu. Wichtig für die zukünftige Expansion war das Thema Energie: Deshalb wurden elektrische Anlagen, Wasser- und Gasleitungen erweitert und eine Dampfheizungsanlage eingerichtet. Durch zahlreiche Spezialwerkzeugmaschinen war außerdem der Schritt zur industriellen Produktion getan. Die moderne Ausstattung ermöglichte es, die Stückzahlen erheblich zu steigern und alle Modelle „genau, gleich sauber und accurat“ auszuführen. Carl Miele wollte nicht von Zulieferern abhängig sein, da er überzeugt war, die ihm vorschwebende Qualität nur in eigener Regie herstellen zu können.

Eine Anzeige aus dem Jahr 1908 wirbt für die „Meteor“-Milchzentrifuge

Er trat mit einer weiteren bahnbrechenden Erfindung an die Öffentlichkeit: der Feuerverzinkung und -verzinnung nach dem Schleuderverfahren. Sie bedeutete eine große Verbesserung, wenn es darum ging, Kleinteile oder Massenartikel zu verzinken oder zu verzinnen. Bisher wurden die Stücke einzeln in das feuerflüssige Bad getaucht und mussten dann abtropfen. Nach dem neuen Verfahren wurden die überflüssigen Überzugsmetalle einfach abgeschleudert, womit bis zu 50 Prozent Material gespart werden konnte und die Nachbehandlung wegfiel. Der Vorteil war, dass der Metallüberzug vollkommen gleichmäßig aufgetragen war. Nur ein kleiner Abschnitt im Mosaik der Herstellung, aber Miele war dadurch in der Produktqualität seinen Konkurrenten ein weiteres Mal überlegen.

1910 folgte der nächste Schritt, um das Wäschewaschen zu erleichtern. Mit dem mechanischen Wäschewringer, der mit Flügelschrauben am Waschbottich oder Waschtisch zu befestigen war, ersparte sich die Hausfrau das mühsame Auswringen der nassen Wäsche. Zwei gegenläufige Gummiwalzen wurden mit einer Kurbel von Hand angetrieben und quetschten das Wasser aus den Wäschestücken. Bald gab es auch ein elektrisch angetriebenes Modell.

Miele machte sich aber auch weiterhin einen Namen als Zulieferer von Maschinen für die Landwirtschaft. Die 1908 auf den Markt gebrachte Milchzentrifuge „Juwel“ erhielt in den Folgejahren viele internationale Preise. Sie zeichnete sich durch ein besonders starkes Getriebe, ein Kugelhalslager für den leichten Gang, Trommeln aus Kupfer oder nicht rostender Phosphorbronze, eine einfache Handhabung und leichte Reinigung aus. Die Kunden erhielten eine dreijährige Garantie und konnten dann gegen jährliche drei Mark eine Instandhaltungsgarantie abschließen. Darin verpflichtete sich Miele, „jede im Laufe von zehn Jahren notwendig werdende Reparatur, mag sie heißen, wie sie will, kostenlos so auszuführen, dass die Maschine wieder allen gerechten Anforderungen entspricht". Für Kleinbauern mit nur wenigen Kühen gab es ein gleichwertiges kleineres

Die Miele-Waschmaschine mit elektrisch angetriebenem Wringer

Modell namens „Milo“. Bei den Buttermaschinen und Sturzbutterfässern, von denen es 50 Modelle im Angebot gab, war Miele bald Marktführer.

1913

Neu ins Programm aufgenommen wurden Wäschemangeln, Geräte, die die Wäsche zwischen einer oder zwei Walzen glätteten, ähnlich dem Wringprinzip, und die elektrische Waschmaschine, die an die Steckdose der Lichtleitung angeschlossen werden konnte. Diese Waschmaschine Nr. 50 war mit einem gekapselten Elektromotor (Drehstrom, Gleichstrom oder Wechselstrom) ausgestattet und beruhte auf der inzwischen zehnjährigen Erfahrung mit landwirtschaftlichen Geräten, die an eine Transmissionsanlage angeschlossen waren, bzw. auf den Waschmaschinen, die direkt von einem an der Wand angebrachten Elektromotor mittels Riemen angetrieben wurden.

Die amerikanische Ford Motor Company führt das Fließband in der Autoproduktion ein. Es revolutioniert die Arbeitswelt, da Arbeitsabläufe rationeller gestaltet werden können und damit das Produkt billiger wird.

Kurz vor dem Ersten Weltkrieg hatte das Gütersloher Unternehmen zwei erfolgreiche Produktschwerpunkte etabliert: Maschinen für den landwirtschaftlichen wie für den Hausgerätebereich. Getreu dem Wahlspruch „Immer besser“ stand der Name Miele bei Handel und Kunden als Synonym für zwar nicht billige, aber „preiswerte“ Qualität.

In knapp 15 Jahren hatten Carl Miele und Reinhard Zinkann es geschafft, ihre ursprünglich kleine Fabrik mit elf Mitarbeitern zur größten Spezialfabrik

Deutschlands nicht nur für Milchzentrifugen und Buttermaschinen, sondern auch von Waschmaschinen, Wringmaschinen und Mangeln zu machen. Als der Krieg ausbrach, beschäftigte das Unternehmen 500 so genannte Beamte und Arbeiter. Doch die Zeiten der ungebrochenen Expansion waren erst einmal vorbei.

Der Firmeneingang zum Gütersloher Miele-Werk

Notzeiten

Zu Anfang des 20. Jahrhunderts erlebte die Gesellschaft verschiedene politische, soziale und kulturelle Strömungen, die aufeinander prallten – Konfliktstoff, der bald eskalierte. Eine imperialistische und nationalistische Staatspolitik hatte vor allem die ökonomischen Vorteile im Blickfeld. Rohstoffe wurden importiert, Produkte exportiert, wofür ständig neue Märkte gesucht wurden. Krisen des kapitalistischen Systems und die daraus entstandenen bzw. sich verschärfenden sozialen Spannungen wurden nach außen abgelenkt. Politische Reformen waren im obrigkeitsstaatlichen Deutschland unerwünscht. Eine bürgerliche Schicht von Großindustriellen, Großkaufleuten und Bankiers stützte dieses System, konnte die notwendigen Veränderungen jedoch nicht unterdrücken. Innenpolitisch bestand das Grundproblem in der Diskrepanz zwischen ökonomischer und organisatorischer Modernität einerseits und politisch-konstitutioneller Rückständigkeit andererseits. Diese Spannungen entluden sich schließlich im Ersten Weltkrieg, der zu Beginn vom Großteil der Bevölkerung auch unterstützt wurde. Ihm wurde in den Jahren 1914 bis 1918 alles andere untergeordnet.

Eine rigorose Kriegswirtschaft herrschte, die sich die industriellen Kapazitäten zu Nutze machte. Rohstoffe und Energien wurden zur Waffenproduktion gebunden, wertvolle Arbeitskräfte abgezogen, da die Männer an die Front mussten. Die rauschhafte Stimmung bei Kriegsbeginn wich bald einer schmerzhaften Ernüchterung. Mangelerscheinungen und Engpässe prägten den Alltag. Die traditio-

Die Schmiede

nellen Handelswege waren abgeschnitten, so dass dem Reich neben lebenswichtigen Nahrungsmitteln auch der Nachschub an Rohstoffen aus dem Ausland fehlte.

Wie bei allen Unternehmen war die Arbeit bei Miele während des Ersten Weltkriegs in erster Linie durch die fehlenden Rohstoff-Lieferungen beeinträchtigt. Mit viel Einfallsreichtum startete die Firmenleitung eine Not-Produktion in einem völlig neuen Segment. Da Metall knapp war, um die Mechaniken für die Maschinen zu bauen, verlegte man sich auf einen einfachen Artikel, der in in diesen Notzeiten sicher Absatz fand: der Handwagen, im Volksmund liebevoll „Bollerwagen" genannt. Die modernen Maschinen für die Holzverarbeitung waren vorhanden und der Rohstoff Holz nicht knapp. Das Transportmittel war billig zu kaufen und billig im Unterhalt und brauchte weder Benzin noch besondere Pflege. Dass selbst dieses einfache Produkt von höchster Qualität war – bestes, trockenes Holz, Strahlrahmenkonstruktion, feuerverzinkte Eisenteile, gedrehte Achsen –, war für Miele selbstverständlich. Der Bollerwagen verkaufte sich über den Ersten Weltkrieg hinaus bis in die fünfziger Jahre hinein.

1916

Die Schlacht von Verdun, die zum Symbol für die sinnlosen Materialschlachten und das Massensterben des Ersten Weltkriegs wird, beginnt am 21. Februar und zieht sich ohne nennenswerte Geländegewinne bis zum Dezember hin.

Ein weiteres Kriegsprodukt war die Wassermotor-Waschmaschine. Sie brauchte für den Antrieb keinen elektrischen Strom, sondern nur Wasser. Ein Lei-

Dieser Blick in die Produktionshalle zeigt, dass ein wesentlicher Bestandteil der ersten Waschmaschinen ein Holzfass war

tungsdruck von 3 atü genügte. Zwar war der Wasserverbrauch dafür hoch, 700 bis 900 Liter pro Stunde, aber das Wasser war damals billig und konnte sogar wieder aufgefangen und zum Waschen oder Spülen benutzt werden. Auch dieser Artikel hielt sich bis nach dem Zweiten Weltkrieg.

1918

Die so genannte Novemberrevolution fegt in Deutschland endgültig die alte wilhelminische Ordnung hinweg. Arbeiter- und Soldatenräte übernehmen die Exekutive.

Trotz der Krisenzeit bauten Carl Miele und Reinhard Zinkann 1916 in Bielefeld ein zweites Werk, in dem zunächst Milchzentrifugenteile hergestellt wurden. Neben den mangelnden Rohstoffen bestand das große Problem darin, die fehlenden Mitarbeiter, die im Krieg waren, zu ersetzen. Gesucht waren Fachleute, aber auch Hilfsarbeiter, Frauen und Lehrlinge, denn diese konnten auch bei Tätigkeiten eingesetzt werden, für die keine gelernten Kräfte nötig waren, z.B. beim Bollerwagenbau. 1918 bemühte sich die Geschäftsleitung sehr darum, die aus dem Krieg zurückkehrenden Männer wieder in den Betrieb einzugliedern. Etwa 300 der arbeitenden Frauen kehrten zu ihrer Tätigkeit als Hausfrau zurück, 600 Arbeiter wurden neu eingestellt. Auch Männer, die fachfremde Berufe gelernt hatten, fanden bei Miele Arbeit und wurden so vor der Arbeitslosigkeit bewahrt.

Schnell fand man im Gütersloher Werk in den normalen Arbeitsalltag zurück. Dieser war geprägt durch das politische und wirtschaftliche Chaos in den ersten Jahren nach dem Krieg. Im Versailler Vertrag von 1919 erhielt Deutschland die politische

Alleinschuld am Krieg und wurde mit höchsten Reparationszahlungen an die Siegermächte belastet. Mit der Weimarer Verfassung entstand ein neuer Staat, eine parlamentarische Demokratie, die jedoch in der Nation kaum verwurzelt war. Die Unterschiede in der Klassengesellschaft, zwischen Arm und Reich, traten nach der Inflation, die die Ersparnisse der kleinen Leute vernichtete, noch stärker zu Tage als vorher.

Schon während des Krieges hatte der Staat den Geldumlauf vermehrt, um sich zu finanzieren. Da Deutschland nach 1918 hoffnungslos überschuldet war, wurde diese Taktik beibehalten, um nun den Reparationszahlungen nachkommen zu können. Die Folge war eine rasch ansteigende Inflation, die den konstruktiven Wirtschaftsaufbau lähmte.

Carl Miele und Reinhard Zinkann bewiesen erneut Mut, als sie in diesen schwierigen Zeiten an die Zukunft dachten, getreu dem Marktgebot „antizyklisch denken“. Auf dem Werksgelände in Gütersloh ließen sie 1921 eine große Eisengießerei errichten. Die Produktion von Maschinen für die Landwirtschaft und für den Haushalt konnte nun wieder in den Vordergrund treten. Um die Gerätereihe für die Milchwirtschaft zu komplettieren, ersann Carl Miele Butterkneter und Butterfertiger. Bald konnten die Landwirte eine eigene elektrische Kleinmolkerei kaufen, bei der Zentrifuge, Buttermaschine und Kneter von einem einzigen Motor angetrieben wurden. Im Haushaltsbereich verfeinerte er die unterschiedlichen Modelle der Waschmaschinen, die bereits auf diverse Ansprüche und Aufstellungsbedingungen in einem Haushalt zugeschnitten waren. Nun stand der Bedienungskomfort im Blickpunkt. Die Mechanik der Wäschebehandlung und des Elektroantriebs wurde durchdacht, neue Materialien eingesetzt und die Bedienungssicherheit verbessert.

Die Bemühungen der Firmeninhaber und ihre technischen und kaufmännischen Leistungen wurden belohnt, als 1922 zu einem Rekordabsatzjahr wurde. Miele produzierte in diesem Jahr 75.000 Milchzentrifugen, 30.000 Waschmaschinen, 21.000 Buttermaschinen und 1600 Wäschemangeln.

Trotzdem gingen auch an Miele die Umstände der Zeit nicht vorüber. Das Chaos der Inflation, unter dem die Firma wie alle anderen in Deutschland litt, beschrieb Reinhard Zinkann so: „Es ist kaum zu glauben, daß es in Deutschland eine Zeit gab, in der man für 1 Mio. Reichsmark nicht ein kleines Brot kaufen konnte. Für mich war das Jahr 1923 ganz besonders aufregend, denn wenn ich z.B. in Darmstadt 10 Miele-Zentrifugen gegen Kasse verkauft hatte und das Geld auch sofort nach Gütersloh sandte, waren die Scheine in der Zwischenzeit schon so wertlos geworden, daß man für den Zentrifugenerlös nur noch 10 neue Zentrifugenkisten für die Verpackung der Maschinen kaufen konnte. Fast jeder Kaufmann, auch ich, hatte in den Schubladen eine Menge wertlos gewordener Scheine liegen. Bürger, Beamte, Kaufleute usw. sahen damals immer mehr

Feierabend bei Miele. Die Mitarbeiter waren froh um ihre sichere Arbeitsstelle

ein, daß das Geld in ihrer Tasche von Tag zu Tag mehr zusammenschmolz und daß das für Alter und Not zusammengesparte Geld bei den Banken und Sparkassen unaufhaltsam zerrann."

In ihrer Not ging die Bevölkerung zum bewährten Tauschhandel über. Und auch Miele tauschte nun Produkte gegen Naturalien. Das Unternehmen war vor allem an Waggonladungen mit Getreide oder Hülsenfrüchten interessiert, nahm aber auch Stückgutlieferungen entgegen. Die Einführung der Rentenmark machte dem Desaster der Inflation ein Ende. Die Unternehmer Miele und Zinkann nutzten die nun folgenden ruhigeren Jahre dazu, ein Filialnetz mit modernen Geschäfts-, Ausstellungs- und Lagerräumen aufzubauen. Sie nahmen mit der 1925 marktbereiten Trommelwaschmaschine einen neuen Absatzmarkt ins Visier. Diese Maschine war eine eher gewerblich einsetzbare Waschmaschine, also für Wäschereien, Hotels, Krankenhäuser oder Sanatorien bestimmt. Der bislang übliche Holzbottich mit Wäschebeweger wurde durch eine elektrisch angetriebene, waagerecht gelagerte Metalltrommel ersetzt, die mit Kohle oder Gas, später dann auch mit Dampf oder Elektroheizung, beheizt werden konnte. Die Trommelwaschmaschine fasste eine größere Wäschemenge und das Wasser konnte darin bis zum Kochen erhitzt werden. Effizienz im Verhältnis zum Energieverbrauch trat zum ersten Mal als Verkaufsargument in den Vordergrund. Die Trommelwaschmaschine war so konstruiert, dass sie eine hohe Waschwirkung erreichte, dabei aber nur sparsam Wasser, Waschmittel und Energie verbrauchte.

Ein Jahr später setzte Carl Miele mit der Wäschezentrifuge seinem bisherigen Wäschewringer ein Konkurrenzprodukt entgegen. Mit 1400 Trommelumdrehungen in der Minute entwässerte die Zentrifuge rasch die nasse Wäsche. Damit sie beim Schleudern nicht davonhüpfte, wurde sie auf ein solides Fundament aus Gusseisen gelagert und wog dadurch ca. 190 kg. Die Trommel bestand aus starkem, nahtlos gezogenen Kupferblech, der Schutzmantel aus Stahlblech, der außen weiß emailliert war. Bei diesem Gerät stand erstmals der Aspekt der Sicherheit an oberster Stelle. Die Wäschezentrifuge konnte nicht eingeschaltet werden, solange der Deckel offen war. Dieser wiederum konnte nicht geöffnet werden, wenn der Strom nicht abgeschaltet war und die Trommel still stand.

1927

Der rechtsgerichtete DNVP-Politiker und Medienindustrielle Alfred Hugenberg übernimmt die Filmgesellschaft Ufa und benutzt die Filmproduktion, besonders die Wochenschauen, als Waffe gegen die Weimarer Republik.

Um auf dem Haushaltsmarkt weiter vorn zu bleiben und die Stellung auszubauen, wurden auch ganz neue Geräte für den Haushalt entwickelt. Ab 1927 bot Miele auch einen Staubsauger und ab 1929 eine Geschirrspülmaschine an. Seit wenigen Jahren konnten handliche Staubsauger hergestellt werden, da kleine und trotzdem kräftige Elektromotoren ein kompaktes Staubsaugergebläse ermöglichten. Dem ersten Modell K folgte schnell das Modell „Melior" – benannt nach dem

Die vollständige Kleinmolkerei im Haus: Milchzentrifuge, Buttermaschine und Butterkneter ermöglichen die direkte Weiterverarbeitung schon auf dem Hof. Anzeige aus den zwanziger Jahren

Wahlspruch der Firma „Immer besser = semper melior". In einem Kessel auf Rollen, den die Hausfrau hinter sich herzog, waren Motor, Gebläse und Staubbehälter untergebracht, nur das Rohr mit der Saugdüse musste sie mit der Hand führen. Dieses Prinzip hat sich bis heute nicht wesentlich verändert. Bei diesen Staubsaugern fand erstmals ein Material Verwendung, das heute selbstverständlich ist: Kunststoff. Damals umgab die Pressmasse Bakelit das Motorgehäuse und isolierte so alle Strom führenden Teile. Die Gefahren eines elektrischen Schlages waren minimiert. Als Zubehörteile gab es neben Aufsteckbürsten für Teppiche oder Möbel und Düsen für Polster, Gardinen oder ähnliches auch einen Saugpinsel für Bilderrahmen und Figuren und sogar eine Patrone zum Zerstäuben von Mottenpulver und eine Striegelbürste für die Tierpflege. Etwas ganz Besonderes war der Miele-Staubsaugerschrank – eines der wenigen Möbel, das die Firma damals im Programm führte.

Was fehlte noch, um der Hausfrau das Leben zu erleichtern? Natürlich die Geschirrspülmaschine. 1929 entwickelt Miele die erste serienreife, elektrisch angetriebene Haushaltsgeschirrspülmaschine Europas. In einem Metallbottich waren zwei herausnehmbare Drahtkörbe für das Geschirr untergebracht. In den unteren Korb wurden Teller und Platten gestellt, in der Mitte fand das Besteck seinen Platz, im oberen Korb wurden Tassen, Gläser und Schüsseln gespült. Ein Elektromotor unter dem Bottich trieb eine Antriebswelle für einen Propeller im

1930

Spülraum an. Zwar musste man noch von Hand heißes Wasser einfüllen, doch dann übernahm der Propeller es, das Wasser überall hin zu verteilen und so das Geschirr zu spülen. Das neue Gerät kam jedoch zu einer ungünstigen Zeit auf den Markt. Die Folgen der Weltwirtschaftskrise, ausgelöst durch den Schwarzen Freitag an der New Yorker Börse, waren auch in Deutschland zu spüren. Viele Unternehmer machten pleite, und es gab eine riesige Arbeitslosenwelle von bald viereinhalb Millionen. Die Kaufkraft der Bevölkerung sank ins Bodenlose. Die *Gütersloher Zeitung* berichtete 1930: „Zu den wenigen Betrieben, die in diesem Jahr nur geringe Entlassungen vornehmen mußten, und die abgesehen von verhältnismäßig wenigen Feierschichten, ihren Betrieb voll aufrechterhalten konnten, gehören die Miele-Werke." Doch auch Miele spürte den rauen Wind in seinen Absatzzahlen.

Im März scheitert die letzte parlamentarische Reichsregierung unter Reichskanzler Hermann Müller (SPD). Reichskanzler Heinrich Brüning (Zentrum) ebnet mit seiner Präsidialregierung den Weg in die nationalsozialistische Diktatur.

Mit immer neuen Produkten hielt das Unternehmen zumindest die Produktion am Laufen. Dazu zählte die Haushaltswaschmaschine mit Ganzmetallbottich, die wegen des damals noch deutlich höheren Preises in der Beliebtheit der Kunden den Modellen mit Holzbottich lange unterlegen war. Sie ermöglichte jedoch mit einem elektrischen Heizkörper nun das Waschwasser direkt in der Maschine aufzuheizen. Wegen dieses Vorteils setzte sie sich in den späten dreißiger und vor allem Dingen den frühen fünfziger Jahren immer mehr durch. Ebenfalls neu auf den Markt kam eine Plättmaschine, die das Bügeln im Sitzen möglich machte und für größere Haushalte oder Gaststätten, Hotels und Krankenhäuser gedacht war. 1933 kamen schließlich noch preiswerte Haushaltseisschränke hinzu, die nicht mit einem elektrischen Kühlschrank zu verwechseln sind. Diese waren zu der Zeit ein Luxus und nur für Gaststätten und Lebensmittelgeschäfte erschwinglich. Für die Eisschränke aus Holz brachte einmal pro Woche der Eismann Stangeneis zum Kühlen.

Um der sinkenden Nachfrage, die auf die katastrophale wirtschaftliche Situation zurückzuführen war,

Die Ganzmetall-Waschmaschine Nr. 100

Das Vorkriegsmodell Nr. 155 aus Metall mit Wäschewringer

zu begegnen, gründeten Carl Miele und Reinhard Zinkann 1931 die erste ausländische Miele-Verkaufsgesellschaft in der Schweiz. Hier sollten neue Abnehmer für ihre Produkte gefunden werden. Das folgende Jahr wurde für Carl Miele trotz der schweren Zeiten zu einem persönlich erfolgreichen Jahr. Hatte der Gütersloher Magistrat ihm zu Ehren an seinem 60. Geburtstag am 25. Juli 1929 schon eine Straße nach ihm benannt, so ehrte er ihn 1932 erneut. Am 18. Juli wurde er zum Ehrenbürger der Stadt Gütersloh ernannt. Im Ehrenbürgerbrief hieß es: „Vor 25 Jahren verlegten die Mielewerke ihren Sitz nach Gütersloh. Wenn die Stadt in diesem Zeitraume sich gedeihlich entwickelt hat und ihre wirtschaftliche und finanzielle Lage auch heute noch im Verhältnis zu manchen anderen Gemeinden als günstig zu bezeichnen ist, so hat daran die Mielesche Fabrik und ihre gesunde, stetig fortschreitende Entwicklung ihren nicht zu unterschätzenden Anteil. Diese Entwicklung der Firma Miele ist hauptsächlich und in erster Linie Herrn Fabrikanten Carl Miele sen., seiner unermüdlichen Arbeitskraft und Schaffensfreude, seinem Geschick und seinem Weitblick zu verdanken."

Für seine sozialen Bemühungen – Carl Miele stiftete unter anderem das katholische Vereinshaus in Gütersloh und unterstützte Einrichtungen für Kinderbetreuung, Kranken- und Wöchnerinnenpflege – zeichnete ihn Papst Pius XI. 1938 sogar mit dem Ehrenkreuz „Pro Ecclesia et Pontifice" (Für Kirche und Papst) aus. Auch sein Partner Reinhard Zinkann erfuhr in späteren Jahren noch universitäre Weihen. Zu seinem 60. Geburtstag ernannte ihn die Technische Hochschule Darmstadt 1929 zum Ehrensenator.

Die Firmengründer Reinhard Zinkann und Carl Miele mit ihren Ehefrauen Katharina Miele und Caroline Zinkann (v.r.n.l.)

Die zweite Generation

Dem wirtschaftlichen Druck hielt das parlamentarische System in Deutschland nicht stand: Anfang der dreißiger Jahre war die Weimarer Republik gescheitert. Die radikalen rechten und linken Parteien sammelten immer mehr Anhänger. Regiert wurde nur noch per Notverordnung. Die Ernennung von Adolf Hitler zum Reichskanzler am 30. Januar 1933 durch Reichspräsident Hindenburg leitete die nationalsozialistische Diktatur ein. Die neuen Herren fanden im Hause Miele keine Freunde, doch hängte man die Missgunst nicht an die große Glocke. Der Enkel des Firmengründers, Rudolf Miele, erinnerte sich 1999, wie er als neunjähriger Junge die Reichspogromnacht erlebte:

„Im November 1938, als ich im dritten Schuljahr war, sahen wir während der Pause auf dem Schulhof Rauchwolken aus Richtung Stadt aufsteigen. Unser Lehrer konnte ein gewisses Triumphgefühl nicht

unterdrücken und schickte uns los, damit wir uns den Brand der Judenhäuser am heutigen Südtor anschauen konnten.
Als ich dort, noch völlig außer Atem, ankam, sah ich, wie die Häuser der jüdischen Mitbürger brannten. Und ich sah, wie SA-Leute in Uniform plünderten, wie sie mit Schreibmaschinen unter dem Arm aus dem brennenden Schreibwarengeschäft Daltrop kamen.
Ich traf aber auch meinen Großvater Carl Miele, dem ich die Hand geben wollte. Diese aber war zur geballten Faust in die Hosentasche versenkt. Und noch heute höre ich seine Worte, die er zornig vor sich hin sprach: ‚Diese verdammte Bande!'. Diese ohnmächtige Haltung meines Opas habe ich nie vergessen!"

1938

Deutsche Truppen marschieren am 12. März in Österreich ein, ohne auf Widerstand zu stoßen. Mit dem so genannten Anschluss setzt Adolf Hitler seine Vision von Großdeutschland um.

In den kommenden Jahren zeichnete sich bei Miele der Generationenwechsel ab. In vielen Familienunternehmen gelingt dieser nicht, entweder weil die ursprünglichen Firmengründer nicht rechtzeitig an ihre Nachfolge gedacht haben oder weil kein Nachfolger da ist, der in die Fußstapfen der älteren Generation treten kann. Oft bringen die Nachfolger auch nicht das gleiche leidenschaftliche Interesse für die Firma auf wie die Gründer und wirtschaften sie in wenigen Jahren zu Grunde. Carl Miele und Reinhard Zinkann hatten jedoch das Glück, Söhne zu haben, die ihr Werk fortführen konnten. Neben ihren Brüdern begannen Carl Miele jun. und Kurt Christian Zinkann schon in den zwanziger Jahren als Mitarbeiter im Unternehmen, sie wurden später persönlich haftende Gesellschafter.

Carl Miele jun. wurde am 22. Febuar 1897 in Herzebrock geboren. Er besuchte das Evangelische Stiftische Gymnasium, das er mit dem Zeugnis der Mittleren Reife verließ. Mit 19 Jahren half er seinem Vater über den Sommer im Büro und wurde dann zu den Gardepionieren einberufen. Ab März 1917 war er an der Westfront eingesetzt. Ausgezeichnet mit dem Eisernen Kreuz, kehrte er Anfang 1919 in den väterlichen Betrieb zurück. Nun begann die Lehrzeit für ihn. 1921 arbeitete er bei der Werkzeugmaschinenfabrik Pittler in Leipzig, danach einige Monate in der Zentrifugenfabrik Ramesohl & Schmidt. Um Englisch zu lernen, fuhr er von November 1923 bis August 1924 nach Amerika und arbeitete im Ersatzteillager einer Maschinenfabrik, die Druckmaschinen herstellte. Anschließend begann er als Kommanditist bei Miele & Cie. in Gütersloh.

Kurt Christian Zinkann wurde am 22. August 1904 in Herzebrock geboren. Er besuchte in Darmstadt das Gymnasium und volontierte 1922 beim Barmer Bankverein Hinsberg, Fischer und Co. in Gütersloh. Nachdem er 1923/24 die Handelshochschule in Mannheim besucht hatte, setzte auch er seine Ausbildung im Ausland fort. Zwei Jahre arbeitete er in Zagreb bei den Stahlwerken Schöller & Bleckmann und in der Landmaschinenfabrik Hofherr Schrantz in Wien. 1926 begann er schließlich in der Miele-Geschäftsstelle in Hannover und erhielt schon ein

Carl Miele jun.

Jahr später den Auftrag, in Bremen eine Niederlassung zu gründen. Dies erledigte er zur Zufriedenheit der Firmeninhaber, so dass sein Vater ihm 1930 gleich die gesamte Verkaufsleitung für Süddeutschland übertrug.

Carl Miele jun. und Kurt Christian Zinkann kannten sich also bestens mit dem Betrieb aus, als sie am 21. Oktober 1937 als persönlich haftende Gesellschafter in die Firma eintraten. Ihre Väter waren nun 68 Jahre alt und bereit, das von ihnen aufgebaute Unternehmen in verantwortungsvolle Hände zu übergeben. Beide starben bald darauf in kurzem Abstand voneinander: Carl Miele sen. an Heiligabend 1938, Reinhard Zinkann am 14. Juli 1939. Am Vorabend des Zweiten Weltkriegs ging mit ihrem Tod in Deutschland eine Unternehmer-Ära zu Ende.

Kurt Christian Zinkann

Die Zusammenarbeit dieser zwei Menschen, deren Lebensdaten sich so sehr glichen, war einzigartig. Sie ergänzten sich aufs Beste in ihren Fähigkeiten. Carl Miele war der begabte Techniker und Konstrukteur, der die Gebote des Marktes schnell aufnahm und in Unternehmensstrategien umsetzte. Reinhard Zinkann war es gegeben, die Miele-Produkte mit einer zuverlässigen Preis- und Vertriebspolitik nach außen zu vertreten. Beide waren sie von der Philosophie überzeugt, dass nur die ständige Verbesserung ihrem Unternehmen die Zukunft garantieren könne. Ihren stets nach vorn orientierten Unternehmergeist gaben sie auch an die Söhne weiter.

Die Firmenleitung hatten neben Carl Miele jun. und Kurt Christian Zinkann ihre jüngeren Brüder und Teilhaber Heinrich Miele und Erich Zinkann, sowie Direktor C. Heinrich Walkenhorst inne, der dem

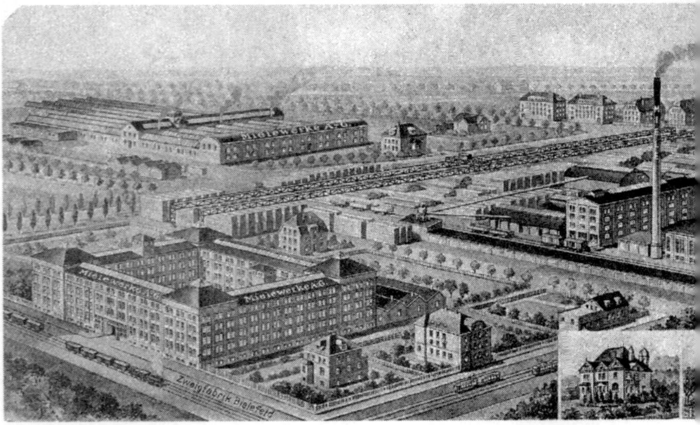

Fabrikansicht des inzwischen sehr großen Gütersloher Werks

Unternehmen angehörte, seitdem es von Herzebrock nach Gütersloh übersiedelt war. Als Führungskräfte unterstützten sie die Direktoren Otto Bischoff, der starken Anteil an der Entwicklung des Gütersloher Werkes hatte, und Fritz Fortmann, der Betriebsleiter des Bielefelder Werks war.

Die Belegschaft umfasste nun 2700 Männer und Frauen. Täglich wurden 2000 Miele-Erzeugnisse in alle Welt versandt, der Jahresumsatz erreichte fast 22 Millionen Reichsmark. In den ersten vierzig Jahren konnte Miele & Cie. allen Konjunkturschwankungen trotzen und sich eine starke Position im Markt der Haushaltsgeräte und der Maschinen für die Landwirtschaft erkämpfen. Zahlreiche Geschäftsstellen, zum großen Teil mit Auslieferungslagern, garantierten eine enge Zusammenarbeit mit den Handelspartnern und ein dichtes Liefernetz. Die Söhne übernahmen also ein gesundes Unternehmen.

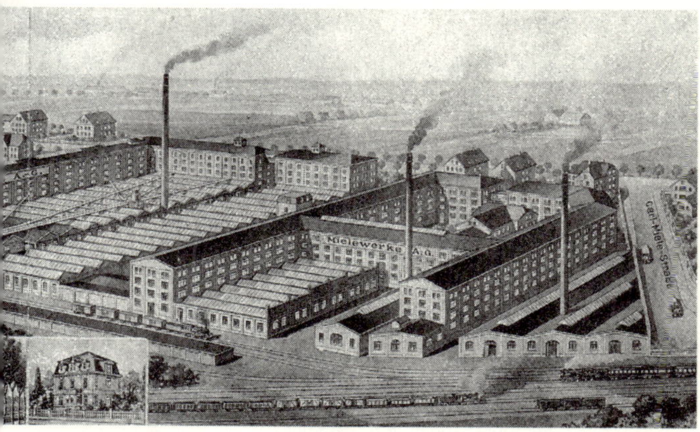

Die politischen Voraussetzungen waren allerdings überhaupt nicht gesund. Wieder übernahm der Staat die Verfügung über die Wirtschaft. Die in Folge von Staatsaufträgen in Gang gesetzte militärische Aufrüstung sorgte zwar für den Aufschwung, doch musste sich alles unterordnen. Die Produktion von Wirtschaftsgütern geriet unter die Befehlsgewalt der nationalsozialistischen Kommandowirtschaft. Viele zivile Güter konnten nicht mehr hergestellt werden, da alle Rohstoffe für die Produktion von „kriegswichtigem“ Material gebraucht und dementsprechend zugeteilt wurden. Im Gegensatz zu anderen Firmen stellte Miele nicht schon vor Kriegsbeginn auf die Produktion von Rüstungsgütern um. Ganz im Sinne ihrer Väter waren die Nachfolger Carl Miele jun. und Kurt Christian Zinkann keine Freunde der Nationalsozialisten. Doch sie verhielten sich ruhig, um das Unternehmen und die Arbeitsplätze ihrer Mitarbeiter nicht zu gefährden, und führten die Auflagen der Regierung aus.

Bald mangelte es an Rohstoffen, um wie bisher Haushaltsgeräte herstellen zu können. Bezugsscheine für solche Geräte gab es auch keine mehr, da das Rüstungskommando sie natürlich nicht für erforderlich hielt. Dazu kam, dass sich die Reihen der Mitarbeiter empfindlich lichteten. Viele wurden zum Krieg eingezogen, ungefähr 200 Arbeiter mussten zu Kriegsbeginn in andere Betriebe wechseln, die Rüstungsmaterial herstellten. Was also tun, wenn man keine Waschmaschinen mehr bauen kann? Die Unternehmensleiter besannen sich auf alte Qualitäten in der Holzverarbeitung. Schon in den Jahren zuvor hatte man die eine oder andere Holzbaracke gebaut, nun wurden diese in größeren Stückzahlen hergestellt, ebenso Holzkisten.

Aber ganz konnte sich Miele aus der Rüstungsproduktion nicht heraushalten, denn das Unternehmen wurde schließlich als Zulieferer für Waffenhersteller eingesetzt. Die Schlosser und Dreher aus der Zentrifugenabteilung mussten das vom Rüstungskommando vorgeschriebene Heeresmaterial produzieren, darunter Teile für Geschütze, Bomben, Munition, aber auch Lufttorpedos für die Marine.

Ab 1942 bekam Miele Zwangsarbeiter zugeteilt. Von den ungefähr zehn Millionen Zwangsarbeitern, die während der Nazi-Diktatur aus ihrer Heimat verschleppt wurden, um in Deutschland in der Landwirtschaft zu schuften oder in Rüstungsunternehmen die Waffen herzustellen, die auf ihre Landsleute gerichtet wurden, arbeiteten insgesamt rund 600 Männer und Frauen aus Russland, der Ukraine, Polen, Frankreich und der Niederlande bei Miele. Diesem „Verbrechen gegen die Menschlichkeit“, wie die Nürnberger Kriegsverbrecher-Prozesse nach dem Krieg feststellten, bemühten sich Carl Miele jun. und Kurt Christian Zinkann, Menschlichkeit entgegenzusetzen, wo immer möglich. Die Zwangsarbeiter waren nicht, wie in anderen Unternehmen, in Außenlagern untergebracht, sondern in Holzba-

1942

In einer geheimen Konferenz im Interpol-Gebäude am Berliner Wannsee schaffen Vertreter des NS-Regimes die organisatorischen Voraussetzungen für die Vernichtung der europäischen Juden.

racken auf dem Werksgelände, und wurden von einer werkseigenen Kantine verpflegt, so gut es ging. Als 1943 die Fleischrationen in Deutschland auf 100 Gramm pro Woche für die Bevölkerung gekürzt und auch andere Lebensmittel knapp wurden, bemühte man sich, die noch knapperen Rationen für die Zwangsarbeiter zu erhöhen. Kurt Christian Zinkann berichtete später: „Das war nur möglich, weil wir nebenher noch ein paar Waschmaschinen gebaut haben, die getauscht wurden. Für eine Waschmaschine gab es ein Schwein, und das kam dann in die Suppe."

Einige Zwangsarbeiter erzählten später von der humanen Behandlung bei Miele. Wladislaw Becinski, der 1998 zu Besuch in Gütersloh war, schilderte, wie er „vom Chef Kuchen bekommen" habe. Ebenso erinnerte bei einem Besuch die Ukrainerin Tatjana Pjetrovic an fünf russische Gefangene. Diese ließ Carl Miele jun. aus dem Gefangenenlager Stukenbrock todkrank seiner Verantwortung übergeben und sie gesund pflegen, danach setzte er sie als Arbeitskräfte auf dem landwirtschaftlichen Testhof der Firma ein. „Ohne Herrn Miele wären sie gestorben", stellte sie fest.

Trotz all dieser positiven Referenzen steht fest, dass das Unternehmen Miele Zwangsarbeiter beschäftigte. Die moralische Verantwortung für das Unrecht dieser Zeit hat die Firmenleitung übernommen und sich ihrer Vergangenheit gestellt. Die Geschehnisse während des Krieges sollen aufgearbeitet werden. In den letzten Jahren wurden immer wieder ehemalige Zwangsarbeiter ins Unternehmen eingeladen. Eine rasche und unbürokratische Entschädigung der noch lebenden Zwangsarbeiter wurde angestrebt, weshalb die Stiftungsinitiative der Deutschen Wirtschaft, die zwar um Jahrzehnte zu spät kommt, sehr begrüßt wurde. Diese hat Ende 1999 erreicht, dass ein Fonds über zehn Milliarden Mark eingerichtet wird, von dem jeweils die deutsche Wirtschaft und der deutsche Staat fünf Milliarden Mark übernehmen werden. Miele beteiligte sich, im Gegensatz zu einer Großzahl der Firmen, die Zwangsarbeiter beschäftigten, in dem Moment an dem Fonds, als Rechtssicherheit feststand. Vor gerichtlichen Ansprüchen der Opfer sind die am Fonds teilnehmenden Firmen nun geschützt. Dieses traurige Kapitel der deutschen Wirtschaftsgeschichte ist damit jedoch nicht erledigt.

Den Krieg überstand das Unternehmen nicht ohne schwere Verluste. Mehrere Produktionsgebäude wurden 1944 und 1945 bei Fliegerangriffen zerstört. Im Gütersloher Miele-Werk gingen rund 25 Prozent der Fabrikanlagen verloren, in Bielefeld zehn Prozent. Am Ostersonntag 1945 marschierten die Amerikaner in Gütersloh ein. Sie setzten die langjährigen leitenden Miele-Angestellten Paul Thöne als Bürgermeister und Gottfried Oberröhrmann als Verbindungsmann ein.

Am ersten Werktag nach Ostern machten sich die noch verbliebenen Mitarbeiter an die Aufräumungsarbeiten. Ebenso wichtig war es jedoch der Firmenleitung, die beschädigten Werkswohnungen wieder in Stand zu setzen, von denen rund 50 Prozent zerstört waren. An die Produktion von Haushaltsgeräten war vorerst überhaupt nicht zu denken. Deshalb richtete Carl Miele jun. einen Reparaturdienst ein, der sich um überbeanspruchte oder durch mangelnde Pflege kaputt gegangene Geräte kümmerte.

Erste Aufträge, vor allem im Bereich Bergbau, kamen schließlich von der Militärregierung. Zu dieser hatte Carl Miele jun. beste Beziehungen, da er auf Bitten von Bürgermeister Thöne wegen seiner guten Sprachkenntnisse drei Monate lang den deutschen Arbeitseinsatz bei den Engländern leitete. Später gründete er die Deutsch-Englische Gesellschaft in Gütersloh und wurde für seine „hohen Verdienste um die Völkerverständigung“ 1959 von Queen Elisabeth II. zum „Officer of the British Empire“ (OBE) ernannt. Im Frühjahr 1946 erhielt Miele von der Militärregierung einen Großauftrag für fahrbare Spritzen, die gegen die damals herrschende Kartoffelkäferplage eingesetzt werden sollten. Alle Einzelteile, von den Holzspeichen für die Räder bis zur Düse für die Spritzarme, wurden unter Zeitdruck am Fließband gefertigt, denn bis Juni mussten die Larven des ungeliebten Käfers zerstört sein.

1946

Die britische und die US-Besatzungszone werden im Dezember zur Bizone wirtschaftlich vereinigt. Damit ist der erste Schritt zur Wiederherstellung der wirtschaftlichen Einheit Deutschlands getan.

Die gute alte Holzbottichwaschmaschine war es schließlich, die 1947 wieder den Weg in die herkömmliche Miele-Produktionswelt wies. Die verlässliche Qualität dieses Modells führte zu einer regen Nachfrage, die vom Unternehmen nur bedingt befriedigt werden konnte. 1948 lieferte die Währungsreform schließlich die Voraussetzungen für den wirtschaftlichen Wiederaufbau. Die nötige Aufbauhilfe kam durch den Marshallplan, der in den nächsten Jahren dem westlichen Teil Deutschlands zu Gute kam. Miele wurde nun mit Bestellungen geradezu überschüttet und musste die Kunden um Geduld bitten, da man mit der Produktion nicht nachkam.

Mit der Unterzeichnung des Grundgesetzes begann 1949 die Geschichte der Bundesrepublik Deutschland. Die Politiker einigten sich auf die soziale Marktwirtschaft, das „Wirtschaftswunder" konnte beginnen. Miele feierte in diesem Jahr sein 50-jähriges Bestehen, allerdings in kleinem Rahmen. Alle Werksangehörigen erhielten ein Geldgeschenk, ebenso wurden die Unterstützungskassen finanziell bedacht. Die Belegschaft zählte mit 2500 Mitarbeitern fast wieder so viel wie vor dem Krieg. Carl Miele jun. und Kurt Christan Zinkann bedankten sich anlässlich des Jubiläums bei ihren Mitarbeitern, die seit Kriegsende durch „zähen Willen und Vertrauen in die ungeminderte Güte der Arbeit ein Hindernis nach dem anderen beiseite räumten, bis das große Ziel erreicht und dem Werk die volle Lebenskraft zurückgegeben war".

Der Gerätekatalog „50 Jahre Miele" zeigte, dass die Modellvielfalt erheblich reduziert war. Eisschränke,

Geschirrspülmaschinen und Melkmaschinen wurden noch nicht wieder hergestellt. Waschmaschinen und Milchzentrifugen waren jedoch Exportschlager. Die Stellung als Marktführer im Segment Waschmaschinen war bald wieder sicher. Zwar hatte der Wegfall der ostdeutschen Gebiete einen herben Absatzverlust bedeutet, doch die verstärkte Käufernachfrage aus dem westlichen Teil Deutschlands machte dies mehr als wett. Um die Aufträge erfüllen zu können, stellte Miele mehr Mitarbeiter ein. Ende 1950 arbeiteten in den Miele-Werken und in den 21 Geschäftsstellen mehr als 3000 Beschäftigte. Der Umsatz stieg 1950 auf 47 Millionen Mark und lag damit um 26 Prozent höher als im Vorjahr. Auch die Exportzahlen konnten sich sehen lassen: Von 1,6 Prozent des Umsatzes stiegen sie auf knapp 10 Prozent.

Da immer mehr elektrische Haushaltsgeräte hergestellt wurden, entstand ein Engpass in der Motorenfertigung. Deshalb baute Miele in Euskirchen ein spezielles Motorenwerk. Hier gab es noch viele Arbeitssuchende, und ein leer stehendes Gebäude war günstig zu mieten.

Ein neues Kapitel in der Geschichte des Waschens läutete die Etagenwaschmaschine ein. Viele Argumente sprachen dafür, die Waschmaschine nicht mehr in der bisher üblichen Waschküche im Keller aufzustellen, sondern pro Haushalt eine Waschmaschine in der Wohnung zu haben. Der übliche Waschtag, bei dem sich die einzelnen Parteien im

Haus für einen bestimmten Tag eintragen mussten, entfiel, nun konnte die Hausfrau jeden Tag waschen. Außerdem gab es keine lästigen Wege mehr in den Keller, oft mit schwerem Waschkorb. Dagegen sprachen natürlich das Platzproblem und die Kosten. Doch die eigene Waschmaschine wurde neben dem Automobil und der Urlaubsreise in den Süden zum großen Statussymbol der fünfziger Jahre, auf das man gerne sparte. Mit dem Modell „75“, der Vorstufe zur teilautomatischen Waschmaschine, lieferte Miele das geeignete Gerät, das in der Küche oder im Bad einer Etagenwohnung Platz fand. Es bestand aus einem rechteckigen Metallgehäuse, in dem der Laugenbehälter aus emailliertem Stahlblech mit dem Wäschebeweger untergebracht war. Zu den höchstens zwei Kilo Wäsche wurde per Hand oder mit dem Schlauch kaltes Wasser eingefüllt, die Elektroheizung heizte das Wasser rasch auf. In wenigen Minuten war die Wäsche gewaschen. Eine Laugenpumpe leitete das Waschwasser in das Abflussbecken. Das Modell wurde im Laufe der nächsten Jahre weiter entwickelt, so dass sich bald Temperatur und Waschzeit durch einen Thermostat-Zeitschalter, passend zu Wäscheart und Verschmutzungsgrad, einstellen ließen.

Zum modernen Haushalt der fünfziger Jahre gehörten nun verschiedene Elektrogeräte wie Küchenmixer, Staubsauger, Wäscheschleuder oder Waschmaschine. Eine Tendenz, die von der Elektroindustrie natürlich gefördert wurde. Ihre Werbung in den fünfziger Jahre versprach „das ganze Jahr Urlaub“.

Überhaupt unterstützten die Anzeigen das Rollenbild der Zeit. Die durch Elektrogeräte von der Hausarbeit „befreite" Frau sollte sich nun wieder ganz ihren Aufgaben als Mutter und Gattin widmen können, von einer Erwerbstätigkeit und selbst verdientem Geld war nicht die Rede. Dass Elektrogeräte in den Privathaushalten benutzt werden, wurde schon seit der Weimarer Republik von den Energieversorgungsunternehmen vorangetrieben. Diese waren zum wichtigsten Eckpfeiler der Volkswirtschaft geworden und mussten nach der Weltwirtschaftskrise 1929 durch den dramatisch sinkenden Stromverbrauch in der Industrie herbe Verluste hinnehmen. Deshalb setzten sie auf die privaten Haushalte als Stromabnehmer, da sie diese als weniger konjunkturempfindlich einschätzten. Massive Werbekampagnen aus dieser Zeit zeugen davon. Ab 1933 unterstützte die Politik der Nationalsozialisten die Elektrofirmen. Mit der so genannten Elektrofront sollten die Versprechungen auf Arbeitsbeschaffung in diesem Wirtschaftssektor eingelöst werden. Erst im Krieg hieß es dann „Strom ist kriegswichtig", und auch Privathaushalte wurden zum Stromsparen aufgefordert. Nach 1945 zogen Stromerzeuger und Haushaltsgeräteindustrie wieder verstärkt an einem gemeinsamen Strang.

Für alle gebräuchlichen Energiearten wie Drehstrom, Wechselstrom, Gasbeheizung und Kohlefeuerung war das Modell gedacht, das Miele 1953 auf den Markt brachte. In die „307" konnte die Wäsche erstmals über das „Bullauge", eine Glastür in der Front, eingefüllt werden. Das Bullauge ist seither für alle Waschmaschinen kennzeichnend. Die Trommel lag nun horizontal in einem Gehäuse mit Boiler, in dem das Wasser auf 70 Grad vorgewärmt werden konnte.

Mit steigender Nachfrage nach Waschmaschinen in den deutschen Privathaushalten – 1956 waren bereits rund 15 Prozent damit ausgestattet –, wurde die Konkurrenz in diesem Sektor auch härter. Der große Mitbewerber für Miele war ab Mitte der fünfziger Jahre die Firma Constructa, die den ersten Waschvollautomaten vorstellte – allerdings in den ersten Jahren nahezu unbezahlbar für Otto Normalverbraucher. Hervorstechendes Designmerkmal auch dieser Geräte war das Bullauge. Miele zog schon 1956 mit dem lange vorbereiteten Modell „702" nach, einer vollautomatischen Maschine mit noch bescheidenen Schleuderzahlen und einem großen Fassungsvermögen von 7 kg Trockenwäsche, geeignet vor allem für Großhaushalte und kleine Gewerbebetriebe. „Vollautomatisch" bedeutete, dass vom Moment des Einfüllens bis zum Ausleeren der schleudertrockenen Wäsche kein Eingriff mehr nötig war. Das Waschprogramm inklusive Vorwaschen, Hauptwaschen, Waschpulver einspülen, Klarspülen und Schleudern lief selbsttätig ab. Zwei Jahre später kam dann mit dem Modell „505" endgültig der Miele-Waschvollautomat für den Privathaushalt auf den Markt.

1956

Mit dem ersten Fernsehauftritt von Elvis Presley beginnt dessen musikalische Karriere in den USA. Er wird auch zum Idol der Jugend in Deutschland, die sich durch den Rock'n' Roll von den Traditionen der Eltern distanzieren möchte.

Das Modell 505 aus den fünfziger Jahren mit dem typischen Bullauge

Die bislang letzte Lücke im Rundum-Angebot für die leichtere Wäschepflege schloss Miele im selben Jahr mit der Entwicklung des elektrischen Wäschetrockners. Der erste Trockenautomat wurde mit einem Fassungsvermögen von 5 kg Wäsche für die Elektro- oder Gasheizung angeboten. Die Werbung pries vor allem die Gerätekombination aus Waschvollautomat und Trockner an: „Zwei Maschinen mit weniger als 2 m² Bodenfläche ersetzen Waschküche, Trockenboden und Waschtag". Der Trockner war eine Anpassung an die Gegebenheiten des modernen Wohnungsbaus, in dem nicht selten geeignete Trockenräume fehlten und die Wäsche in der Wohnung getrocknet werden musste. Wer draußen auf der Leine trocknete, ärgerte sich oft über die leicht angeschmutze Wäsche, da durch Kohle- und Koksheizungen in der Luft viele Rußpartikel schwebten.

Ein weiteres Gerät, das die Vorrangstellung der Firma Miele im hochwertigen Haushaltsgerätebereich bis heute festigt, ist der Staubsauger. Mitte der fünfziger Jahre wurden erst die Voraussetzungen geschaffen, die ihn zum unentbehrlichen Helfer der Hausfrau machen. Mit dem gestiegenen Wohnkomfort gab es jetzt mehr Polstermöbel und vor allem mehr Teppiche. Mit Staubwedel und Wischlappen gegen den Hausstaub vorzugehen, reichte nicht mehr aus. Immer noch war es der Kesselstaubsauger „Melior“ aus den zwanziger Jahren, der diese Aufgabe als stabiles und leistungsfähiges Gerät erfüllte. Doch bald folgten Neuentwicklungen, die den verschiedenen Ansprüchen und Anforderungen gerecht werden sollten.

Das Unternehmen hatte nun die schwierigen Jahre der Aufbauzeit hinter sich gebracht, man konnte voller Zuversicht in die Zukunft sehen. Die Produkte erfreuten sich einer regen Nachfrage, das Vertriebsnetz hatte gesunde Strukturen. Der geeignete Moment für die nächste Unternehmer-Generation war gekommen.

Vom K 1 zum Pättgenschnüwer

Zwei Produkte, die nicht unbedingt mit dem Namen Miele in Verbindung gebracht werden, dürfen keinesfalls unerwähnt bleiben: das Miele-Auto und das Miele-Fahrrad. Es scheint, als habe sich der geniale Erfinder Carl Miele von seinen Zentrifugen und Waschmaschinen dazu inspirieren lassen, den Gedanken des Drehens weiterzuspinnen und so unweigerlich beim Rad zu landen.

Überliefert ist die Geschichte, dass der 25-jährige Carl Miele im Jahr 1894 zufällig einen als Reklamewagen dekorierten Patent-Motorwagen der Firma Benz & Co. sah, der auf seiner Rundfahrt auch Herzebrock erreichte. Von diesem Fahrzeug sei er so begeistert gewesen, dass er schon damals beschlossen habe, irgendwann einmal Autos zu bauen. Sicher ist, dass Carl Miele keine Zweifel an seinen Fähigkeiten als Konstrukteur hegte, ebensowenig wie an den Möglichkeiten seiner Firma, Präzisionsarbeit abzuliefern und mit der Konkurrenz aus der noch jungen Automobilbranche mithalten zu können. Ende Juli 1911 wagten er und Reinhard Zinkann den Schritt auf unbekanntes Terrain und begannen mit dem Bau von Automobilen.

Für die technische Leitung der Fertigung wurde der in Fachkreisen renommierte Ingenieur Oskar Klemm eingestellt. 1912 schon lieferte Miele Zweisitzer und Viersitzer mit Torpedo-Sportkarosserie, Landaulet, Limousine, Geschäftswagen und Lieferwagen aus. Die Autos waren mit Vierzylindermotoren mit 1567 oder 2292 cm^2 ausgestattet und hatten 20 oder 28 PS. Je nach Typ fuhren sie bis zu 80 km/h. Die Nachfrage nach den Wagen der Typen K I, K II und K III war sowohl aus dem In- wie aus dem Ausland bald so groß, dass die Automobilfabrik schon im gleichen Jahr um das Doppelte vergrößert werden musste.

Ingenieur Klemm führte die Qualität der Autos bei der Automobil-Sternfahrt zum 17. Deutschen Bundesschießen in Frankfurt im Juli 1912 vor, das unter der Schirmherrschaft des Prinzen Heinrich von Preußen stattfand. Kurz vor dem Ziel nach über 1400 km platzte dem an der Spitze fahrenden Wagen auf einer abschüssigen Straße ein Vorderradschlauch, wodurch ein Sieg unmöglich wurde. Nach einem kurzen Reifenwechsel konnte Klemm jedoch die Fahrt fortsetzen. Für die hervorragenden Leistungen des Wagens erhielt Miele eine silberne Plakette als Preis. Trotz der Auszeichnung war Carl Miele kritisch genug, um zu sehen, dass zum Kraftfahrzeugbau mehr gehörte, als sein Unternehmen leisten konnte. Vor allem die Geldmittel für Forschung und Investitionen, wie sie vergleichbare Unternehmen in der europäischen oder US-amerikanischen Autobranche vorweisen konnten, waren nicht vorhanden. Um die finanzielle Selbstständigkeit zu erhalten, verkaufte er Ende Mai 1913 die gesamte Einrichtung der Automobilfabrik an die Automobil- und Flugzeugfabrik „Atlas-Werke" in Berlin-Johannisthal und Düsseldorf. Insgesamt wurden bis zu diesem Zeitpunkt immerhin 143 Miele-Autos ausgeliefert.

In späteren Jahren besann sich die Firmenleitung auf diese Leistung und versuchte die Autos wieder aufzuspüren. 1995 entdeckte man schließlich in Norwegen ein gut erhaltenes Exemplar. Der Veteran steht heute als rotes Pracht-Exponat im Miele-Museum in Gütersloh.

1906

Der belgische Chemiker Leo Hendrik Baekeland erfindet einen synthetischen Kunststoff. Dieser wird ab 1907 unter dem Handelsnamen Bakelit produziert und bald in technischen Produkten eingesetzt.

Nachdem der Traum vom Auto ausgeträumt war, verlegte sich Carl Miele auf ein anderes Transportmittel, das zu dieser Zeit mehr Zukunft hatte. Er selbst war während der Bauzeit des Gütersloher Werks 1906/07 täglich mit dem Fahrrad über Rheda nach Gütersloh und zurück nach Herzebrock gefahren und wusste so genau, worauf es bei einem guten Fahrrad ankommt. Schon Ende 1914 begann er mit den Vorarbeiten für die Herstellung von Fahrrädern. Diese sollten in dem 1916 gebauten Werk in

Keine Angst vor Gegenwind: Am Steuer des Miele-Automobils sitzt Ingenieur Oskar Klemm, daneben Carl Miele

81

Bielefeld produziert werden. Während des Krieges waren Stahlrohre jedoch Mangelware, so dass erst 1924 die ersten Fahrräder ausgeliefert wurden. Das neue Produkt schlug gleich ein, schließlich war es in der gewohnten Miele-Qualität hergestellt. Damit warb das Unternehmen auch: „Wir bauen ein Fahrrad in der Form vollendet, leicht im Lauf, qualitativ durchgearbeitet bis in die kleinsten Einzelheiten, ein Rad, das nicht für die Rennbahn, sondern für den anstrengenden Tagesgebrauch bestimmt ist." Neben dem klassischen Damen- und Herrenrad für jeden Tag gab es bald auch Touren- und Sporträder.

Die Fahrradindustrie boomte zwar allgemein in den zwanziger Jahren – schließlich war das Fahrrad ein billiges Transportmittel für Jedermann –, viele Firmen mussten jedoch gegen Ende der zwanziger Jahre schließen, da sie überzogen auf die Nachfrage reagiert hatten und nun auf ihrer Überproduktion sitzen blieben. Die steigende Arbeitslosigkeit forderte ihren Tribut. Verstärkt wurde die Krisensituation durch billige Konkurrenzprodukte aus dem Ausland. Erst 1932 erholte sich der Markt, als die Preise von Reichsbahn und anderen Verkehrsbetrieben so stark stiegen, dass sich die Menschen wieder auf das Fahrrad besannen.

Miele blieb von diesem Auf und Ab unberührt und überstand mit seinem Markenrad alle wirtschaftlichen Krisen. 1936 hatte das Unternehmen schon 300.000 Fahrräder ausgeliefert. „Der Erfolg", so wurde in einer Anzeige erklärt, „liegt in der strengen

Die Miele-Fahrräder waren extrem stabil, wie dieser „Belastungstest" bewies

Durchführung des Qualitätsprinzips, das allen Miele-Erzeugnissen eine führende Stellung verschafft hat. Miele-Fahrräder werden nicht am Band, sondern in

Der Miele-Schriftzug vor dem Globus findet sich auf allen Fahrrädern wieder

Präzisionsfabrikation unter Verwendung der allerbesten Materialien hergestellt. Den Wettlauf mit der Billigkeit auf Kosten der Qualität machen wir nicht mit.“ Für jeden Anspruch konnte man das entsprechende Rad in unterschiedlichster Ausstattung und Modellform liefern. Unter anderem gab es in guter Tradition ein Modell „Melior“, getreu dem Wahlspruch der Firma „Immer besser = semper melior“.

Vor allem für ältere Menschen, die die nötige Kraft für den Tritt in die Pedale nicht mehr aufbrachten, war das Motorfahrrad gedacht, das Miele ab 1931 auf den Markt brachte: „Das Motor-Fahrrad ist aus dem Fahrrad entwickelt worden und soll all jenen dienen, die an die Benutzung des Fahrrades gewohnt sind, aber auf bequemere und schnellere Art sich fortbewegen möchten.“ Die Miele-Motorfahrräder – wegen des Hubraums von 98 ccm oft „98er“ genannt oder auf gut Westfälisch auch „Pättgenschnüwer“ – wurden bald in ganz Deutschland gefahren. Legendär wurde die „Saxonette“, „das neue Fahrrad mit motorisierter Hinterrad-Nabe. Von vielen Liebhabern mit Spannung erwartet“ – wie ein Anzeige warb.

Während des Zweiten Weltkriegs, als die Produktion der Haushaltsgeräte stillstand, konnte die Produktion von Fahrrädern – mit langen Unterbrechungen – unter Mühen aufrecht erhalten werden. Zeitweise unterstützte das Rüstungskommando sogar, dass Miele Fahrräder für den zivilen Bedarf herstellte, dann wieder durften in der Fahrradabteilung keine Arbeitskräfte mehr beschäftigt werden.

Nach 1945 war das Fahrrad wieder eine sichere Größe in der Produktpalette von Miele. Nach wenigen Jahren wurde es sogar ins Ausland, bis nach Südamerika, exportiert. Gleichzeitig mit der Motorisierungswelle der frühen fünfziger Jahre – jeder träumte vom eigenen Volkswagen – erlebte auch die Zweiradindustrie einen Boom. Wenn schon kein Auto, dann doch zumindest ein Motorrad. Weiterhin gefragt war nach wie vor die „98er“, eine Weiterentwicklung des bewährten Motorfahrrades aus dem Bielefelder Miele-Werk. 1954 kam die stärkere „150er“ auf den Markt, mit dem Einzylinder-Zweitaktmotor erreichte sie immerhin bis zu 75 km/h.

1945

Auf der Potsdamer Konferenz legen die Siegermächte die Neuordnung Deutschlands fest. Deutschland wird in vier Besatzungszonen aufgeteilt und entmilitarisiert. Die Oder-Neiße-Linie wird als Grenze zu Polen festgelegt.

Anton Benz hieß 1913 der erste Besitzer dieses Tourenwagens aus dem Hause Miele, später wurde der Wagen nach

Norwegen verkauft. Nachdem er wieder fahrtüchtig gemacht
wurde, steht er heute im Miele-Museum in Gütersloh

Nach seinem Sachs-Motor erhielt das legendäre Miele-Motorfahrrad „Saxonette" seinen Namen. Anzeige aus dem Jahr 1938

Zwar nur mit schwerem Herzen, aber doch mit sicherer Entscheidungskraft stellte Miele 1960, nach 36 Jahren, die Produktion von Fahrrädern und Motorrädern ein. Der Fahrrad- und Motorradmarkt hatte sich unter dem Einfluss des Automobils grundsätzlich gewandelt. Fahrräder und vor allem Motorräder wurden immer mehr zum Hobbyartikel, während die eigentliche Transportaufgabe einschließlich des Wetterschutzes das Auto übernahm. Der Zweiradsektor wurde deshalb zu Gunsten der aussichtsreicheren Geschirrspülmaschine aufgegeben, nachdem das Unternehmen insgesamt 1,2 Millionen Fahrräder und fast eine halbe Million Motorräder verkauft hatte. Damit tat Miele einen ganz entscheidenden Schritt: Da fast gleichzeitig die Milchzentrifugen und andere landwirtschaftliche Geräte wie Futterdämpfer aufgegeben wurden, konnte man sich auf die Haushaltstechnik konzentrieren. Die steigenden Anforderungen des Wettbewerbs wurden besser von einer starken Säule getragen, als von drei schwächeren.

Die dritte Generation

Zur Unterstützung von Carl Miele jun. und Kurt Christian Zinkann traten in den fünfziger Jahren die Enkel der Firmengründer in die Firma ein: 1954 Rudolf Miele, geboren 1929, und 1957 Dr. Peter Zinkann, geboren 1928. Sie leiten bis heute als geschäftsführende Gesellschafter das Familienunternehmen. Doch zunächst galt auch für sie, das Geschäft erst einmal zu lernen. Ihre Hauptaufgabe bestand in den nächsten Jahren darin, Miele in der 1957 gegründeten Europäischen Wirtschaftsgemeinschaft über die Grenzen Deutschlands hinaus auch europaweit als Marke zu etablieren und den internationalen Markt zu erobern. Schon die Großväter hatten seit den zwanziger Jahren den Anspruch auf Internationalität kundgetan, als sie das Firmenzeichen „Miele“ mit dem Slogan „Die Weltmarke“ ergänzten und die Weltkugel als Hintergrund für dieses Zeichen wählten.

Die Miele-Geschäftsstellen im Inland waren flächendeckend verteilt und wurden von erfahrenen Führungskräften geleitet. Auch in den Nachbarländern Deutschlands, der Niederlande, Österreich, Belgien, der Schweiz, gab es unternehmenseigene Verkaufsgesellschaften. Weitere Stützpunkte in anderen europäischen Ländern sollten folgen. Der Exportanteil überschritt 1957 bereits die 20-Prozent-Marke.

Die Wirtschaft prosperierte in Deutschland so sehr, dass Vollbeschäftigung erreicht war und Arbeitskräfte fehlten: Gastarbeiter wurden angeworben. Auch Miele stellte Arbeiter aus dem Ausland an. Im Gütersloher Werk waren vor allem Griechen beschäftigt, im Bielefelder Werk vorwiegend Türken, doch der Anteil von ausländischen Arbeitnehmern blieb im Vergleich zu anderen Firmen bei Miele relativ bescheiden.

1960 war ein weiteres Jahr, in dem Miele sich als Pionier unter den Haushaltsgeräteherstellern hervortat: Die vollautomatische Geschirrspülmaschine kam auf den Markt. Das Modell „G 10“ wurde von vorne beladen und besaß rotierende Sprüharme, die das Geschirr von oben und unten spülten. Alle europäischen Hersteller folgten später diesem Prinzip. Für dieses neue Gerät musste Miele jedoch einen erheblichen Werbeaufwand betreiben, da die Vorbehalte bei Verbrauchern und Fachleuten groß waren. Entweder zweifelte man an der Hygiene, oder man befürchtete, dass Spülmittelreste die Gesundheit beeinträchtigen könnten. Oft wurde die längere Spüldauer kritisiert und bemängelt, dass durch die hohe Wassertemperatur und die Reinigungsmittel das Geschirr leiden könnte, zumal damals spülmaschinengeeignetes Geschirr noch nicht Standard bei den Porzellanherstellern war.

1960

Der Elektro- und Metallbereich bestimmte nun die Herstellung der Miele-Produkte. Geräte oder Maschinen aus Holz traten immer mehr in den Hintergrund, so dass die Holzfertigung bei Miele nach 65 Jahren eingestellt wurde. Allerdings blieb das Know-how in der Holzverarbeitung immerhin so weit erhalten, dass basierend auf dieser Kompetenz schon vier Jahre später ein eigenes Küchenprogramm entwickelt wurde.

Im November gewinnt der 43-jährige US-Senator von Massachussetts, John F. Kennedy, die Präsidentschaftswahlen. Der Nachfolger von Präsident Eisenhower wird zur Symbolfigur für den Aufbruch in eine bessere Zukunft.

Die Einknopf-Automatik, die Miele ab 1962 bei seinem Waschmaschinenmodell „420“ anbot, sicherte dem Unternehmen den Vorsprung in dem inzwischen auch durch ausländische Firmen stark besetzten Markt der Haushaltselektrogeräte. Mit einem einzigen Knopf konnte die Hausfrau für jede Wäscheart das richtige Programm einstellen. Die eingebaute Technik bestimmte dann von selbst Waschzeit und Waschmechanik, Wasserstand und Waschtemperatur, Spülen und Schleudern.

Noch immer herrschte in Deutschland ein deutliches Wirtschaftswachstum. Der Bedarf an Haushaltsgeräten war längst noch nicht gedeckt. Erst in jedem dritten Haushalt stand eine Waschmaschine, davon war nur jede zehnte ein Waschvollautomat. Als wirtschaftspolitisches Gegengewicht zur EWG entstand 1960 die European Free Trade Association (EFTA), die Europa in zwei wirtschaftliche Blöcke teilte. Von der EWG hatte Miele wie andere Unternehmen auch kräftig profitiert, da weniger Zölle und Handelshemmnisse den Absatz erleichterten. Nun wollte sich die Geschäftsleitung die Länder der EFTA nicht entgehen lassen und gründete in Österreich, das sich damals dem neuen Wirtschaftsbündnis angeschlossen hatte, das einzige außerdeutsche Miele-Werk. Österreich bot sich als Standort an, da es durch die gleiche Sprache keine Probleme gab, technische Unterlagen auszutauschen. Hier wurden anfangs Bügeleisen, später Wäscheschleudern und Kleinraum-Waschautomaten gefertigt.

Die Produktion ins fernere Ausland zu verlegen, erwog Miele nie ernsthaft. Zu sehr war und ist die Firmenleitung überzeugt, dass die typische Miele-Qualität nur von einheimischen Arbeitskräften eingehalten werden kann. Außerdem sind die Geschäftsführer so immer in den Produktionsablauf eingebunden und geben ihre Anweisungen nicht aus der Ferne.

Das fünfte Miele-Werk ließ nicht lange auf sich warten. Die Nachfrage war so groß, dass man in der Produktion kaum mehr nachkam. Deshalb war die Gelegenheit günstig, als Miele 1965 in Lehrte bei

Hannover die Produktionsanlagen des amerikanischen Rasierklingen-Konzerns Gillette und dessen Tochtergesellschaft Lehrter Getriebebau GmbH übernehmen konnte. Neben den Gebäuden und den Maschinen übernahm Miele auch komplett die 480 Mitarbeiter der Lehrter Belegschaft, wovon beide Seiten profitierten: Die neuen Mitarbeiter hatten durch den Wechsel keine Sorge um ihren Arbeitsplatz, und Miele konnte mit diesen Fachkräften sofort in die Produktion einsteigen. Hier sollten nun kleinere Stückzahlen vor allem von gewerblichen Wäschereimaschinen und für einige Zeit auch noch Melkmaschinen hergestellt werden, da die Massenfertigung von Haushaltsgeräten und die Kleinserien- bzw. Einzelfertigung schlecht in ein gemeinsames Werk passten.

Ende der sechziger Jahre blickte die Firmenleitung auf ein erfolgreiches Jahrzehnt zurück. Innerhalb der vergangenen zehn Jahre stieg der Umsatz um rund 220 Prozent und der Exportanteil betrug 41 Prozent, was die konsequente europäische Geschäftspolitik bestätigte. Miele gehörte nun endgültig zu den großen deutschen Firmen.

Auch für den immer noch in der Geschäftsleitung tätigen Carl Miele jun. war es ein erfolgreiches Jahrzehnt. Am Vorabend seines 65. Geburtstages erhielt er am 21. Februar 1962 das Bundesverdienstkreuz I. Klasse. Er wurde besonders für seine sozialen Bemühungen gewürdigt als „eine Persönlichkeit, die sich auf vielen Gebieten betätigt, die nichts einbringen. Arbeitsfreude und Bescheidenheit, Schlichtheit und Warmherzigkeit stempeln ihn zu einem Manne, der dieser hohen Auszeichnung würdig ist."

Um die Stückzahlen von inzwischen rund 700.000 Geräten jährlich herstellen zu können, musste die Fertigung immer größere Anforderungen bewältigen. Die Produktionsplanung musste langfristig ausgerichtet werden; Bedingung für die rationelle und flexible Fertigung auch in Großserien war, den hohen Qualitätsstandard beizubehalten. 1969 wurde deshalb das Werk Gütersloh mit einer vollelektronischen Fabrikationstechnik ausgestattet, deren Herzstück ein „Power & Free"-System ist. „Power" steht dabei für die Antriebskraft, die von umlaufenden Ketten geliefert wird, und „Free" für die Transportgehänge, die auf der Schiene frei laufen, aber auch von der Kette mitgenommen werden können. Das System unter dem Dach der Werkhallen mit einer 15 km langen Förderstrecke in mehreren Ebenen ist elektronisch gesteuert. Gerätegehäuse, Laugenbehälter, Waschtrommeln, Motoren, Steuerelemente und andere vorgefertigte Teile werden automatisch in fahrbaren und je nach ihrem Ziel kodierbaren Gehängen aufgenommen, in Lagersträngen gesammelt und nach Bedarf zur Endmontage zusammengeführt. Die Montageabteilung kann über das „Power & Free"-System von den Vorabteilungen abrufen, was sie für die nächste Schicht benötigt. Um die Anlage überhaupt installieren zu

1969

Die Apollo-11-Mission lässt einen Menschheitstraum wahr werden. Als erster Mensch setzt der Astronaut Neil Armstrong am 21. Juli seinen Fuß auf den Mond, gefolgt von Edwin Aldrin.

können, musste eine 230 x 112 m große Halle gebaut werden, das größte Bauvorhaben, das Miele bis dahin hatte und das erst in den neunziger Jahren vom Warenverteilzentrum in der Dimension übertroffen wurde. Da die Geschirrspülmaschinen Anfang der siebziger Jahre eine höhere Nachfrage erfuhren, wurde auch das Werk Bielefeld mit automatischen Fertigunganlagen nach dem gleichen Prinzip ausgestattet.

Ein weiterer Schritt zur Rationalisierung stellte der Bau eines Zentralersatzteillagers dar. Es nutzt die Technik des Hochregallagers, hat 14,5 m Höhe und 35.000 Lagerplätze, die von einem Computer verwaltet und mit Bedienfahrzeugen beschickt werden. Dort lagern rund 50.000 verschiedene Ersatzteile, auch von Maschinen, die schon vor mehr als 20 Jahren gebaut worden sind.

Moderne Waschmaschinenfertigung bei Miele

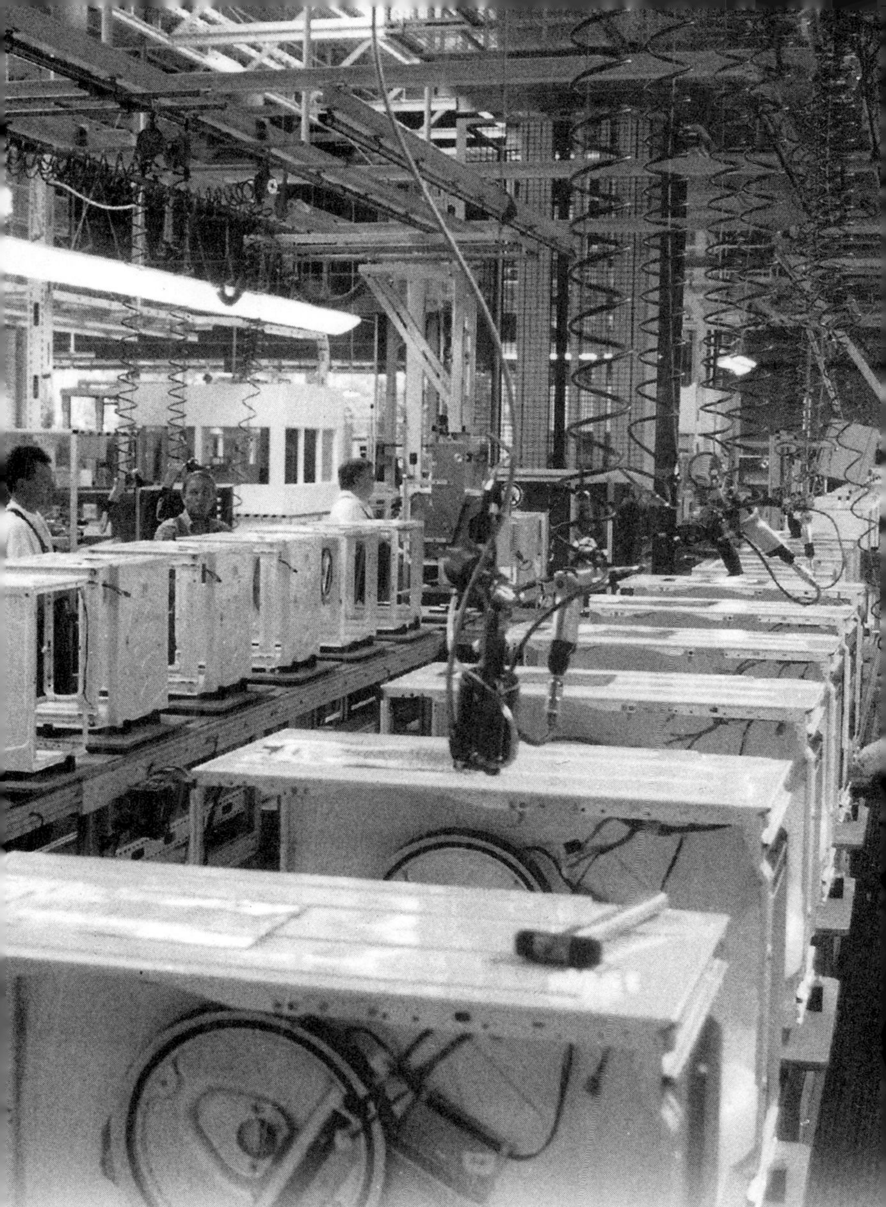

Der Schritt in die Zukunft

Spätestens mit Erscheinen der Studie *Grenzen des Wachstums*, die der Club of Rome 1972 herausbrachte, wurde Umweltschutz zu einem öffentlichen Thema. Die Bundesregierung reagierte zwei Jahre später darauf, indem sie das Bundesumweltamt einrichtete. Sechs Jahre später sammelten sich in der Partei der Grünen verschiedene Gruppierungen aus der Friedens- und Umweltbewegung, um gemeinsam eine politische Wirkung zu erreichen.

Zum einen, weil man die gesetzlichen Bestimmungen vorhersah, zum anderen, weil der umweltschonende Gedanke der Unternehmensphilosophie entsprach, forcierte Miele Ende der sechziger Jahre umweltverträgliche Produktionsverfahren. Dazu gehörte die Reinigung der Luft von Stäuben, Dämpfen und Gasen in Anlagen der Gießerei, Emailliererei, Beizerei und des Kesselhauses und die Vorreinigung der industriellen Abwässer. Doch auch schon in den zurückliegenden Jahrzehnten dienten viele Entwicklungsschritte dazu, einen wirtschaftlichen Materialeinsatz zu fördern, womit natürlich Material eingespart, aber auch Ressourcen geschont wurden. Beispiele dafür sind die Restwärmenutzung bei den ersten Miele-Trommelwaschmaschinen in den zwanziger Jahren, die Wärmerückgewinnung bei Miele-Waschkesseln in den dreißiger Jahren oder die Einführung der elektronischen Feuchtemessung beim Wäschetrockner der sechziger Jahre. Seit den siebziger Jahren ist es vordringliche Aufgabe der Forschungs- und Entwicklungsabteilung, den Verbrauch an Wasser, Energie und Reinigungsmitteln zu reduzieren. In den letzten 20 Jahren konnte der Strom- und Wasserverbrauch bei der Wäschepflege um 70 Prozent gesenkt werden, wobei Waschleistung, Spül- und Schleuderwirkung jedoch zunahmen. Bestes Argument für den Umweltschutz bei Miele ist nach wie vor, dass die sprichwörtliche Langlebigkeit der Geräte schon immer ein Beitrag zur Ressourcenschonung war.

„Studio-m“ markierte den nächsten Meilenstein, den Miele ab 1969 in seiner Produktpalette anbot. Man hatte keine Angst davor, mit einem zu weit gefassten Angebot vielleicht die Kernfelder zu vernachlässigen, da Küchen ja zum ureigenen Feld von Miele gehören. Der Verbraucher sollte mit der Komplettküche nun Haushaltsgroßgeräte und Möbel für die Küche und den Hausarbeitsraum aus einer Hand erhalten. Die nötige Kompetenz für den Möbelbau hatte Miele schon in den vergangenen Jahren bewiesen – von Bürostühlen über Staubsaugerschränke zu Küchenbüffets für die Bergleute im Ruhrbergbau nach dem Zweiten Weltkrieg. Ab 1974 begann im eigens errichteten sechsten Werk in Warendorf die Produktion von Einbauküchen. Das Küchenangebot macht bis heute nur einen kleinen Teil im Miele-Umsatz aus. Zu groß ist hier die Konkurrenz unter den hochwertigen Anbietern. Mit diesen konnte Miele nur mithalten, als eine eigene Fertigung entwickelt wurde, die eine individuelle Küchenplanung möglich machte. Mit dem Verfahren, den typischen Küchenkorpus – Grundlage für alle Schränke – nicht wie üblich durch Verleimen herzustellen, sondern durch das Einschießen von erwärmtem und dadurch flüssigem Polyamid zu verbinden und eine bis dahin unbekannte Festigkeit zu gewährleisten, gelang Miele in der Branche wieder eine Vorsprung gebende Innovation.

1974

Bundeskanzler Willy Brandt (SPD) tritt zurück, da sein persönlicher Referent Günter Guillaume als Spion für den Staatssicherheitsdienst der DDR entlarvt wurde. Als neuer Kanzler wird der SPD-Politiker Helmut Schmidt vereidigt.

In der Miele-Geschäftsleitung arbeiteten im Jahr 1974 immer noch zwei Generationen. Neben den Gründersöhnen Carl Miele und Kurt-Christian Zinkann die Enkelgeneration Rudolf Miele, Dr. Peter Zinkann und nun auch Gerd Miele und Dr. Reinhard Hector, der Enkel von Reinhard Zinkann. Mit der neuen Technologie der Sensorelektronik brachten sie die Firma einen weiteren Schritt auf dem Weg in die Zukunft voran. Auf der internationalen Messe „domotechnica '78" in Köln präsentierten sie die weltweit erste Generation computergesteuerter Waschmaschinen, Wäschetrockner und Geschirrspülmaschinen aus Serienfertigung. Indem sie Sensortasten auf der Bedienungsblende berührte, steuerte die Hausfrau bei der Waschmaschine einen Chip von 3,5 x 5 mm an und konnte damit 16 Programme einstellen. Von der Sensortechnik kam man später allerdings wieder ab und kehrte zu den herkömmlichen „Schaltern" und „Knöpfen" zurück, da sie „handfester" zu bedienen waren. Das war für die Hausfrau vertrauter. Wesentlich genauer als ein herkömmlicher Thermostat kontrollierte nun der Mikrochip, ob die gewählte Temperatur exakt eingehalten wurde, ob die Umdrehungszahl der Waschtrommel stimmte und ob es eventuell eine Unwucht beim Schleudern gab, weil die Trommel falsch beladen wurde.

Viele Verbraucher standen dieser neuen Technik skeptisch gegenüber, da sie in der Elektronik eine größere Reparaturanfälligkeit vermuteten. Die Vorteile überwogen jedoch: Die Geräte waren einfach zu bedienen und sehr zuverlässig. Da die Temperaturen exakt eingehalten wurden, war ein energiesparender Verbrauch garantiert. An der gewohnt langen Lebensdauer der Miele-Geräte änderte sich nichts, wenngleich natürlich durch die rasante Entwicklung in der Mikroelektronik ein Gerät schneller „veraltete". Es wurde dadurch jedoch nicht unbrauchbarer, denn die servicefreundliche Konstruktion ermöglichte hier auch eine problemlose Reparatur. In einer Anzeige aus dem selben Jahr warb Miele damit, als erster Hersteller in Europa „Elektronengehirne“ zu verwenden, „die aus der Raumfahrt-Entwicklung stammen“, illustriert durch den Schuhabdruck eines Astronauten auf dem Mond. Damit berief man sich auf den eigenen Kompetenzanspruch – Miele ist immer dem Fortschritt verpflichtet – und sprach die Fortschrittsgläubigen unter den Verbrauchern an, indem man den Innovationsschub aus der Raumfahrt nutzte.

Die achtziger Jahre brachten für Miele vor allem den Sprung nach Übersee. 1980 wurde die erste Verkaufsgesellschaft in Australien eingeweiht, gefolgt 1982 von Südafrika, 1983 der USA und 1988 Kanada. 1992 folgten dann Niederlassungen in Japan und 1999 in Singapur. Auch hier im außereuropäischen Ausland fand das Unternehmen seinen Platz im Markt der höherwertigen Verbrauchsgüter, der „Mercedes unter den Haushaltsgeräten“ gilt als ein Statussymbol.

Dem Konjunktureinbruch in Deutschland in Folge der zweiten Ölkrise Anfang der achtziger Jahre begegnete die Firmenleitung mit ungebrochenem Optimismus: „Wir verfügen über eine gute, zuverlässige Mitarbeiterschar, unsere Produktionsanlagen sind technisch auf dem neuesten Stand und werden durch entsprechende Investitionen laufend dem modernen technologischen Entwicklungsstand angepaßt. Unsere Erzeugnisse genießen Weltruf, und bisher haben wir es immer wieder geschafft, in der technischen Ausführung und Qualität unserer Geräte dem Wettbewerb stets eine Nasenlänge voraus zu sein."

Immer noch erinnerte sich das Unternehmen seiner Wurzeln in der Landwirtschaft und entwickelte neue Geräte. Der moderne Landwirt gab sich nicht mehr mit einer einfachen Milchzentrifuge zufrieden, hier war ebenfalls Computertechnik gefragt. Ein Melkautomat mit Mikrocomputer, der eine automatische Stimulation der Kuheuter ermöglichte, war das Neueste in der Entwicklung. Die fortschrittliche Melktechnik war an die neuen Normen und Güterverordnungen für die Milchproduktion angepasst. Das sogenannte MLT-System brachte dem Landwirt die Vorteile des euterschonenden, gesunden Melkens und damit höhere Milcherträge, die Milch wurde schneller abtransportiert, wodurch sich die Melkzeiten verkürzten, und schließlich konnte es in schon vorhandene Melkanlagen integriert und so auch gereinigt werden. Da die Melkmaschine jedoch auf zwei Prozent des Umsatzes gefallen war und praktisch keine Rolle mehr spielte, verlor Miele als Gerätelieferant für die Landwirtschaft an Bedeutung und verlegte sich ganz auf die Haushaltsgeräte.

Um dem zunehmenden Wettbewerb unter den Herstellern von „weißer Ware" zu begegnen und auch, um das Komplettangebot für die Küche zu vervollständigen, beschloss Miele 1986, die bisher etwas vernachlässigte Produktsparte der Herde auszuweiten. Schon seit den späten sechziger Jahren waren Herde zwar im Angebot, aber die Herdfertigung war bis dahin ein kleines Anhängsel der Waschmaschinenproduktion in Gütersloh. Jetzt sollte ein eigenes Werk für die auf dem Markt erfolgreichen Heißluft- und Kombiherde sowie Einbaubacköfen zuständig sein. Miele gründete in diesem Fall kein neues Werk, sondern kaufte das im nur 20 km entfernten Oelde gelegene Werksgelände der Firma Cordes auf, in dem bisher ebenfalls weiße Ware, nämlich Haushaltswaschmaschinen produziert worden waren. Wieder wurde die komplette Belegschaft übernommen, die nun in einer neu erbauten Produktionshalle Herde herstellte.

Drei Jahre später übernahm Miele auch das Unternehmen Imperial GmbH in Bünde, mit dem man schon seit 15 Jahren auf dem Gebiet der Glaskeramikkochfelder zusammengearbeitet hatte. Seitdem werden in Bünde die Miele-Herde mit Glaskeramikkochfeld hergestellt. Die Marke Imperial blieb aber bestehen und wird vor allem im Küchenfachhandel angeboten. Zu den Produkten gehören Dampfgarer, Dunstfilterhauben und Großkochanlagen für Restaurants und Kantinen.

1990

Die Gewerkschaft IG Metall erreicht ihr jahrelang angestrebtes Ziel: eine Arbeitszeitverkürzung auf 35 Stunden.

Die deutsche Wiedervereinigung eröffnete ein neues bzw. ein altes Absatzgebiet, denn der Bekanntheitsgrad von Miele hatte sich trotz der vierzig Jahre SED-Diktatur bei 90 Prozent der Ostdeutschen gehalten. So manches Miele-Gerät aus der Kriegs- und Vorkriegszeit tat noch über Jahrzehnte hinweg zuverlässig seinen Dienst, wie Kunden in Briefen berichteten. Vor allem aus Handel und Handwerk kamen viele Anfragen nach Geräten, die sich nicht selten auf eine langjährige Zusammenarbeit des elterlichen oder großelterlichen Geschäfts mit den früheren Miele-Geschäftsstellen in Berlin, Dresden, Görlitz, Breslau, Erfurt, Königsberg, Leipzig, Magdeburg oder Stettin bezogen. Seither baute Miele in der ehemaligen DDR ein flächendeckendes Händlernetz auf, über das nicht nur die Produkte verkauft werden, sondern auch der Kundendienst organisiert ist.

Einer der letzten Trümpfe in der industriellen Fertigung vor der Jahrtausendwende stellte die sogenannte Novotronic-Steuerung mit SMD-Technik dar, mit der Miele 1991 auf den Markt kam. SMD bedeutet Surface Mounted Devices, übersetzt oberflächenkontaktierte Bauteile. Diese Technik wird vollautomatisch gefertigt und bewirkt größtmögliche Zuverlässigkeit. Die Waschmaschinen, in denen die neue Technik erstmals eingebaut wurde, erreichten im Schleudergang neue Rekorde: Mit 1600 Umdrehungen pro Minute, kombiniert mit einem sanften Anlauf und elektronischer Unwuchtüberwachung, wurde die Wäsche trotz ruhigen, leisen Schleudergangs erheblich trockener, wodurch sich auch die Trocknerlaufzeit reduzierte. Diese elektronischen Steuerungen werden von Miele nicht angekauft, sondern komplett in Eigenfertigung hergestellt. Den entscheidenden Vorteil sieht das Unternehmen darin, dass so eine durchgehend hohe Qualität der Elektronik gewährleistet ist. Auch können die Ingenieure, die die Verfahrenstechnik der Geräte entwickeln und ihre Ideen in Steuerungen umsetzen sollen, täglich zusammen arbeiten. Jedes Bauteil ist so genau auf die Bedürfnisse von Miele maßgeschneidert. Wie zukunftsweisend dieses High-Tech-Verfahren ist – es wird inzwischen auch bei Geschirrspülern, Trocknern und Herden angewendet –, zeigt sich, wenn Reparaturen anstehen. Das Bauteil ist mit einer optischen Schnittstelle versehen, an die sich der Kundendiensttechniker mit seinem Laptop anschließen kann: Eine schnelle, computergestützte Diagnose erleichtert die Fehlersuche. Es ist

Die optische Schnittstelle ermöglicht dem Kundendiensttechniker eine Fehleranalyse per Laptop

auch möglich, ganze Programmabläufe zu überschreiben, wenn sich die Technik weiter entwickelt, was erneut zur Langlebigkeit eines Gerätes beiträgt, gerade im sich schnell wandelnden Computerzeitalter. Beliebig oft lassen sich über die Update-Funktion neue, z.B. strom- oder wassersparende Programme nachladen. Auch die Anpassung an neue Wasch- oder Spülmittel ist damit möglich. Der Benutzer hat jedoch nicht das Gefühl mit einem Computer kommunizieren zu müssen, wenn er seine Wäsche waschen will. Er stellt nach wie vor einen Drehknopf ein. Dieser ist jedoch ein sogenannter Optoschalter, der über winzige Lichtstrahlen der elektronischen Steuerung das angewählte Programm übermittelt. Eine moderne Produktionsform, die Fortschritt und Tradition vereint.

Die Mitarbeiter als höchstes Gut

Fest verwurzelt in der katholischen Tradition seiner westfälischen Heimat, waren soziale Bemühungen für den Unternehmensgründer Carl Miele immer eine Selbstverständlichkeit, die man nicht an die große Glocke hängte. Bei Reinhard Zinkann waren es die evangelischen Wurzeln, die ihn darin übereinstimmen ließen. Von Anfang ihrer unternehmerischen Tätigkeit an waren sie überzeugt, dass ihr Geschäftserfolg untrennbar vom Wohlergehen der Mitarbeiter ist. Sie wussten: Arbeiter und Angestellte, um die man sich kümmert, setzen ihre ganze Kraft und ihr Können für das Unternehmen ein und bleiben ihm auch in schwierigen Zeiten treu ergeben. Diese Überzeugung übertrug sich auch auf die folgenden Generationen. Aus einer ganzen Reihe sozialer Maßnahmen entstand im Laufe der Jahre weit über die gesetzlichen Notwendigkeiten hinaus ein System sozialer Sicherheit für die Arbeiter und

Angestellten, das sich vor allem auch in wirtschaftlichen Krisenzeiten bewährte.

Die Fürsorge für die Mitarbeiter manifestierte sich in der Betriebskrankenkasse, die 1909 gegründet wurde. Dass ihre Leistungen vorbildlich waren, erkennt man an der Mitgliedszahl: Im Gründungsjahr gab es 82 Mitglieder, nach zehn Jahren bereits weit über 1000. Standen zuerst die Arbeiter im Mittelpunkt der Bemühungen, genossen schon 1910 auch die Ehefrauen die Vorteile der freien ärztlichen Behandlung und der kostenlosen Arzneimittel, ein Jahr danach auch die im Haushalt lebenden, nicht erwerbstätigen Kinder. Bei Arbeitsunfähigkeit gab es Krankengeld in Höhe von 50, später 75 Prozent des Grundlohns. Die Kasse zahlte Wöchnerinnenhilfe und Sterbegeld, wenn ein Ehegatte oder ein Kind des Versicherten starb. Musste ein Arbeiter seine Eltern pflegen und für ihren Unterhalt aufkommen, so übernahm sie auch die Krankenpflege.

1910

Anfang April stirbt der evangelische Theologe Friedrich von Bodelschwingh, der die von ihm gegründeten Anstalten Bethel zum größten Hilfswerk der Inneren Mission in Deutschland entwickelte.

Der Klassenkampf, der in den Jahren nach dem Ersten Weltkrieg in Deutschland tobte und in dem die Arbeiter vehement ihre Rechte einforderten, ging an Miele relativ spurlos vorüber. Die *Westfälische Zeitung* schrieb noch 1939: „Als Beweis für das geradezu ideale Zusammenarbeiten mag an dieser Stelle erwähnt werden, daß die Miele-Werke in den 40 Jahren ihres Bestehens keinen Streik gekannt haben.“ Grund dafür war das partnerschaftliche Verhältnis zwischen Arbeitgeber- und Arbeitnehmerseite. 1919 kennzeichneten dies zwei Begebenheiten. Zum einen stifteten die Inhaber anlässlich ihres 20-jährigen Firmenjubiläums 100.000 Mark in den Angestellten- und Arbeiterunterstützungsfonds, zum anderen, und das lässt die Fürsorge eigentlich wesentlich anschaulicher werden, suchten sie per Zeitungsannonce „Für unsere Werksangehörigen (...) 6.000-8.000 Zentner gute Winterkartoffeln. Preisangebote mit Angaben der verfügbaren Mengen, frei unserem Fabrikhofe, gegen sofortige Zahlung erbeten."

Da die Wohnungsnot eines der größten Probleme der Nachkriegszeit war, finanzierte die Firma neben dem Bau einer neuen Eisengießerei auch den Bau einer Reihe von Mehrfamilienhäusern für die Mitarbeiter in der Gütersloher Avenwedderstraße. Eben diese benannte der Gütersloher Magistrat ihm zu Ehren dann 1929 in „Carl-Miele-Straße" um: „Im Hinblick auf die große wirtschaftliche Bedeutung, welche Ihre vorbildlich und mit seltenem Weitblick geleiteten Fabrikwerke für unsere Stadt seit Jahren besitzen, und in Rücksicht besonders dessen, daß die Mielewerke selbst in der Zeit schwerster wirtschaftlicher Not, als Millionen unserer werktätigen Bevölkerung infolge Arbeitsmangels zur Untätigkeit gezwungen waren, einer großen Zahl fleißiger Arbeiter und Arbeiterinnen unserer Stadt und der Nachbargemeinden gute Verdienstmöglichkeiten und Brot geboten haben, weiter aber auch in Anerkennung Ihres nicht verborgen gebliebenen stillen

Wirkens im Dienste christlicher Nächstenliebe". 1932 ernannte die Stadt Carl Miele nicht nur deshalb zum Ehrenbürger, weil er als Leiter eines gesunden Unternehmens vielen Menschen eine Arbeitsstelle garantierte, sondern auch, weil er „für das Gedeihen der Stadt Gütersloh (...) stets reges Interesse gezeigt und nicht nur auf dem Gebiete der Wohlfahrt, sondern auch für die der Erholung und der Gesundung der Bürgerschaft dienenden Anlagen, wie Stadtgarten und Parkbad, stets ein warmes Herz und eine offene Hand" hatte.

Ihren 65. Geburtstag nahmen die Firmengründer 1934 zum Anlass, mit der Stiftung eines Ehrensoldes eine Altersversorgung für die Arbeiterschaft einzurichten. Altgedienten Mitarbeitern war damit „die Notgroschensorge für das Alter" genommen. Zu den Versorgungsleistungen zählten neben Invaliditäts- und Altersrenten auch Bezüge für Witwen und Waisen. Zusätzliche finanzielle Beihilfen gab es ab den dreißiger Jahren aus den „Frau Carl Miele sen." und „Frau Reinhard Zinkann sen."-Stiftungen, die bei besonderen Anlässen wie Heirat, Geburt eines Kindes, Sterbefall, Silberhochzeit, runden Geburtstagen ab dem 50. Lebensjahr und Kurzzuschüssen einsprangen.

Die Betriebskrankenkasse musste während des Zweiten Weltkrieges an die Grenzen ihrer Leistungsfähigkeit gehen. Der Gesundheitszustand der Arbeiter verschlechterte sich durch die mangelnde Ernährung und die größere Arbeitsbelastung zusehends. Viele männliche Mitarbeiter waren zum Krieg eingezogen, die übrigen, unter ihnen immer mehr Frauen, mussten die staatlich verfügten längeren Arbeitszeiten durchstehen. Die Not wurde noch größer, als 1944 bei Fliegerangriffen von den 170 werkeigenen Wohnungen 80 zerstört oder beschädigt wurden. Miele garantierte schnelle Hilfe: Auf einem Bauernhof in der Nähe wurden neun Behelfsheime für die Familien gebaut. Natürlich fehlte nicht das eigene Waschhaus, in dem auch eine Waschmaschine für alle stand. Noch bevor die Firmenleitung 1945 den Wiederaufbau der Werksgebäude in Angriff nahm, sorgte sie dafür, dass firmeneigene Handwerker die beschädigten Werkswohnungen wieder in Stand setzten, so dass die Wohnungsnot der Mitarbeiter behoben war. Auch Betriebsangehörige, die in ihren eigenen Wohnungen und Häusern gewohnt hatten, wurden mit Arbeitskräften und Baumaterial unterstützt. Weitere 216 Werkswohnungen wurden dann nach der Währungsreform finanziert.

Die Miele-Pensionskasse war nach der Währungsreform 1948 bankrott, da das Geld entsprechend der Vorschriften in festverzinslichen Wertpapieren angelegt worden war. Deshalb wurden zu diesem Zeitpunkt aus den laufenden Rechnungen neben den Gehältern und Löhnen auch die Pensionen gezahlt.

Statt das 50-jährige Firmenjubiläum 1949 öffentlichkeitswirksam zu feiern, erhielten alle Werksangehörigen und die Unterstützungskassen ein Geldgeschenk. Ebenso konnten sich die Miele-Pensionäre, die Witwen der Werksangehörigen und die Frauen der noch nicht heimgekehrten Kriegsgefangenen über einen um 20 Prozent erhöhten monatlichen Rentenbetrag freuen.

Auch zum 75-jährigen Jubiläum im Jahr 1974 erhielten die inzwischen 11.000 Beschäftigten im In- und Ausland einen ansehnlichen Betrag. Auf Feiern und Empfänge verzichteten die Gesellschafter des Unternehmens, riefen bei dieser Gelegenheit aber die „Miele-Stiftung“ ins Leben, die als treuhänderische Stiftung in der Verwaltung des Stifterverbandes für die Deutsche Wissenschaft organisiert ist. Sie dient dem Gemeinwohl der Stadt Gütersloh und wurde mit einer Million Mark ausgestattet. Ziele sind in erster Linie wohltätige Zwecke, besondere Maßnahmen im Erziehungs- und Bildungswesen, und die Förderung von Kultur, Gesundheit und Sport. So finanziert die Miele-Stiftung alljährlich Ferienspiele, die vom Jugend- und Sportamt der Stadt organisiert und von den örtlichen Vereinen unterstützt werden. Zum 100-jährigen Jubiläum erhöhte Miele das Stiftungsvermögen auf fünf Millionen Mark. Damit soll eines der bisher größten Einzelprojekte der Stiftung finanziert werden: die Erforschung der Gütersloher Stadtgeschichte von der Stadtwerdung Güterslohs 1825 bis zum Jahr 2000.

Da die Zahl der Mitarbeiter – von Kriegszeiten abgesehen – kontinuierlich gestiegen ist, sind Entlassungen eher ein Fremdwort für die Miele-Personalabteilung. Durch Rationalisierung waren jedoch erstmals im Jahr 1981 Arbeitsplätze gefährdet. In einer vollautomatischen Maschinenstraße wurden nun Roboter eingesetzt, die schwere körperliche Arbeiten der Mitarbeiter übernahmen und dadurch die Zeitabläufe in der Herstellung strafften. Doch eine erhöhte Produktion von Waschmaschinen und Trocknern fing dieses auf, alle Arbeitsplätze blieben erhalten.

Untrennbar mit dem Wohlergehen der Mitarbeiter ist auch der Gedanke der Aus- und Fortbildung verbunden. Um die bestmögliche Ausbildung der Lehrlinge zu garantieren, ließ Miele 1976 ein eigenes Ausbildungszentrum bauen und setzte damit die von den Firmengründern begonnene und in den Jahren danach aufrecht erhaltene Tradition fort. Im Ausbildungszentrum erhalten die Lehrlinge gründlichen theoretischen und praktischen Unterricht sowohl im kaufmännischen als auch im gewerblichen Bereich. Miele gehört in der Ausbildungsintensität zur Spitzengruppe deutscher Großunternehmen. Schon Anfang des Jahrhunderts legten Carl Miele und Reinhard Zinkann Wert auf die fachliche Ausbildung der Belegschaft. Nur so konnte das Unternehmen wachsen, wenn sich auch das Wissen und Können der Mitarbeiter vergrößerte. Wurde die Produktion erweitert, musste auch der hohe Qualitätsstandard in Konstruktion, Fertigung und Kundenservice gesichert werden. Das Ausbildungsziel orientierte sich deshalb auch an der Überlegung, dass Qualitätspro-

1976

Der 30-jährige König Carl XVI. Gustav von Schweden heiratet die Deutsche Silvia Sommerlath, die er bei den Olympischen Spielen 1972 in München kennengelernt hatte.

dukte von Mitarbeitern nur dann erwartet werden können, wenn sie während ihrer Ausbildung den Begriff „Qualität“ zu schätzen gelernt haben.

Aus dem Jahr 1908 ist ein Lehrvertrag überliefert, der von Carl Miele unterzeichnet ist. Eine Lehre dauerte damals fünf Jahre. Der Vater musste sich im Vertrag verpflichten, seinem Sohn in dieser Zeit „Wohnung und Kost zu geben und denselben in Kleidung und Wäsche zu unterhalten“. Über die Pflichten des jungen Mitarbeiters hieß es weiter: „Er verspricht seinerseits nicht allein Treue und Ehrlichkeit, sondern auch ein bescheidenes, williges und zuvorkommendes Betragen. Er wird den erhaltenen Weisungen nachkommen, jede ihm übertragene Arbeit bereitwillig und so gut, wie es in seinen Kräften steht, ausführen und nichts tun, was dem Geschäft Schaden bringen könne.“ Sollte er nach beendigter Lehrzeit anderweitig eine Stellung suchen, so würde ihn

Am runden Tisch: Schulung von Miele-Mitarbeitern

Miele dabei unterstützen. Tatsache ist jedoch, dass die meisten Lehrlinge im Unternehmen blieben und oft zu langjährigen Mitarbeitern wurden. Nicht selten arbeitet heute sogar die dritte oder vierte Generation bei Miele.

Das Motto „Immer besser“ sollte nicht nur für die Produkte der Firma gelten, sondern auch für die Kompetenz der Mitarbeiter. Die systematische Weiterbildung ist deshalb ein wichtiger Baustein der Personalentwicklung. Führungskräfte sollen aus den eigenen Reihen kommen, das ist eines der Ziele. Neben Seminaren in den speziellen Fachgebieten nehmen die Mitarbeiter heute zunehmend auch Kurse in Datenverarbeitung, Sprachen, Verkaufstraining und Betriebswirtschaft wahr.

Nur Miele, Miele, sagte Tante . . .

Die Firmengründer Carl Miele und Reinhard Zinkann waren – ohne sich dessen sicher allzu bewusst zu sein – äußerst begabte Marketingfachleute. Schon in den ersten Jahren leiteten sie alles in die Wege, was man heute unter modernem Marketing-Management versteht. Eine der klassischen Lehrbuch-Definitionen des Begriffes Marketing umreißt ihn mit „Planung, Koordination und Kontrolle aller auf die aktuellen und potentiellen Märkte ausgerichteten Unternehmensaktivitäten. Durch eine dauerhafte Befriedigung der Kundenbedürfnisse sollen die Unternehmensziele im gesamtwirtschaftlichen Güterversorgungsprozess verwirklicht werden". So kompliziert hätten Carl Miele und Reinhard Zinkann ihr Vorgehen sicher nicht formuliert, doch in genau diese Richtung gingen ihre Aktivitäten. Mit dem von ihnen kreierten Slogan „Immer besser", der bis heute unverändert gilt, fassten sie ihre Unternehmenphilosophie kurz und überzeugend zusammen. Die Qualität stand an erster Stelle, danach richtete sich alles: „Erfolg ist auf Dauer nur möglich, wenn man sich voll und ganz hinter die Qualität seiner Produkte stellen kann", so schrieben sie 1905.

Ihre Produkte auch möglichst effizient zu verkaufen, war die nächste Aufgabe, der sich vor allem Reinhard Zinkann widmete. Er organisierte den Miele-Vertrieb, eröffnete die ersten Niederlassungen in Deutschland und kümmerte sich um den Aufbau eines Händlernetzes. Die Niederlassungen waren das Bindeglied zwischen Werk und Handel, ihre Mitarbeiter gaben dem Händler weitgehende Hilfestellung bei der Käuferberatung, beim Absatz und beim Kundendienst.

1925

In München wird das größte Museum der Welt für Naturwissenschaften und Technik, das Deutsche Museum eröffnet, das auf Initiative des Elektroindustriellen Oskar von Miller entstand.

Miele wurde schnell zum Markenzeichen. Um dieses auch wiederzuerkennen, legten die Gründer früh fest, dass der Miele-Schriftzug immer eine charakteristische Form und Schrift haben solle. Ab den zwanziger Jahren legten sie besonderen Wert auf das „I" mit einem schräggestellten Strich. Das Logo wurde kontinuierlich auf Geräten, Typenschildern, Drucksachen oder in der „Reklame" verwendet. Bis heute wurde es nicht verändert, sondern nur sanften typografischen Korrekturen unterzogen, die dem Zeitgeschmack entsprachen. Es gehört damit zu den marken-technischen Pionierleistungen – ein frühes „Corporate Design". Die *Süddeutsche Zeitung* testete vor einigen Jahren den Wiedererkennungswert europäischer Markenzeichen, mit dem Ergebnis, dass allein das schräggestellte „I“ genügte, um auf Miele zu schließen.

Nicht nur das Corporate Design, das öffentliche Erscheinungsbild der Firma, war wichtig, sondern das Thema Design überhaupt. Die Produkte, die Miele herstellte, sollten auch das Auge des Benutzers erfreuen und modern wirken. Industriedesign praktizierte das Unternehmen seit 100 Jahren. Sehr deutlich zu sehen ist dies am Beispiel des Staubsaugers. Die ersten Modelle ließen auf Grund des Materials – Bakelit und später schlichtes Blech – keine großen Gestaltungsmöglichkeiten zu. Deshalb war das Aussehen vor allem durch die Funktion und das Fertigungsverfahren bestimmt. Bis zu den sechziger Jahren waren sie zylinderförmig und sahen aus wie kleine Raketen auf Rollen. Erst als die Gehäuse aus Kunststoff gespritzt wurden, nahmen sie eckigere Formen an. Die Kanten wurden jedoch bald wieder gerundet. Die Stromlininenform aus heutiger Zeit vermittelt vor allem ein Gefühl der Dynamik. Ähnlich wie im Automobilbau gilt auch hier, dass Modelle, die vierzig oder auch fünfzig Jahre alt sind, immer noch äußerst elegant wirken.

Bei den Waschmaschinen hat sich im Design wesentlich mehr getan in den vergangenen hundert Jahren. Aus der fassähnlichen Holzbottichwaschmaschine wurde ein weißer Kubus, dem man seine eigentliche Funktion kaum mehr ansieht. Die

58 Reichsmark kostete dieser Miele-Staubsauger. Anzeige aus dem Jahr 1938

Gestaltung entwickelte sich parallel zu den konstruktiven Veränderungen. Seitdem die Waschtrommel horizontal gelagert ist, braucht das Gehäuse eine kompakte Struktur. Der Elektromotor musste geschützt werden, und eine komplette Verkleidung war jetzt selbstverständlich. Für den Verbraucher sichtbar änderte sich seitdem nur relativ wenig: die Bedienungselemente des Schalters, die Kontrollanzeigen oder die Mechanik des Türöffners. Und doch ist eine Waschmaschine aus den sechziger Jahren sofort als solche erkennbar. Neue Formen entstanden bei Miele immer nur unter der Voraussetzung, dass keines der neuen Modelle seine Vorgänger schlagartig veralten ließ. Dabei gilt die Maxime „modern, aber nicht modisch", denn eine Konzession an den Zeitgeschmack würde die typische Langlebigkeit der Miele-Modelle in Frage stellen.

In der Kommunikation mit dem Kunden, die sich natürlich hauptsächlich auf Anzeigen in der Tagespresse und in Zeitschriften konzentrierte, stand die schnelle Informationsvermittlung an erster Stelle. Sobald ein neues Produkt marktreif war, wurden dessen praktische Vorzüge in der Reklame herausgestellt. Mit den knappen Worten „einfach, betriebssicher, dauerhaft, preiswert" umriss z.B. eine Anzeige aus dem Jahr 1926 die Vorzüge der Miele-Melkmaschine. Darüber stand in großen Lettern der Firmenname in der schon gewohnten Typografie, eine ansprechende Illustration mit einer jungen Bäuerin, einer Kuh und der Melkmaschine rundete das Bild ab. Mit dieser Art von Kommunikation erreichte Miele sehr schnell ein klares Profil der Marke, das sich von der Konkurrenz unterschied. Detaillierte Information erhielt der Kunde dann im Händler-Prospekt. Gerne benutzte Miele die Zuschriften zufriedener Kunden, um damit in der Werbung, vor allem in Prospekten, seine Produkte herauszustellen, ebenso die Aussagen von Fachleuten wie Händlern, die kompetent über Miele-Geräte urteilten.

Eine der gelungensten Werbe-Ideen der frühen Jahre war die legendäre „Miele-Tante“, die 1927 in einer Anzeige zum ersten Mal auftrat. Eine ältere Dame mit grauen Haaren und Nickelbrille, eigentlich eher der Typ „liebe Oma“ als „gute Tante“, mit Schürze und gestärktem weißen Kragen, steht vor drei verschiedenen Miele-Holzbottich-Waschmaschinen und mahnt den Leser mit erhobenem Zeigefinger: „Nur Miele, Miele“, der Spruch geht dann weiter mit „sagte Tante, die alle Waschmaschinen kannte“. Diese Art von Werbung wird heute nach wie vor vor allem in der Waschmittelwerbung benutzt: Ein Anwender des Produkts und damit ein offensichtlich kompetent Beurteilender, erläutert dem Betrachter der Anzeige, bzw. heute dem Zuschauer des TV-Spots, die Vorteile. Das Motiv der Miele-Tante, das von dem Bielefelder Grafiker Wilhelmsmeyer stammt, wurde zunächst nur in Anzeigen verwendet und später als lebensgroße Figur auch für Schaufenster-Dekorationen.

1927

Im Berliner Ufa-Palast wird der Fritz-Lang-Stummfilm „Metropolis“ uraufgeführt, in dem u.a. Heinrich George und Brigitte Helm spielen. Mit dem Film „The Jazz Singer“ beginnt in den USA das Tonfilmzeitalter.

Gerne wurde der Leser in den Anzeigen direkt angesprochen. „Fürchten Sie sich noch vor der grossen Wäsche“, fragte eine Hausfrau in weißer Schürze in einer Anzeige aus dem Jahr 1926. „Ich nicht mehr. Ich habe ja eine ‚Miele‘“, ging dann das „Gespräch“

Der erhobene Zeigefinger der Miele-Tante mahnte zum Kauf der richtigen Waschmaschine

weiter. Eine andere Anzeige von 1929 bat den potentiellen Kunden: „Bitte bedenken Sie, daß der Miele-Staubsauger mit Isoliergehäuse Ihnen das höchste Maß von Sicherheit gegen die Gefahren des Kurzschlusses gewährt, da alle stromführenden Teile von dem Isoliergehäuse eingeschlossen sind.“

An der Art der Anzeigen änderte sich auch in den nachfolgenden Jahren recht wenig. Natürlich wurden sie in Farbe und Typografie den optischen Vorlieben der Zeit angepasst, doch die schnelle, prägnante Information stand immer im Vordergrund. Die typische Hausfrau trug nicht mehr eine weiße Kittelschürze, sondern in den fünfziger Jahren ein schickes Schneider-Kostüm, auch Kinder traten immer häufiger als Akteure auf, ebenso der Techniker, der die Maschine aufstellt oder repariert. Ein gewisser Humor kam mit den Jahren dazu, der jedoch den Informationsgehalt der Anzeige nicht schmälerte. So sieht man in einer Anzeige aus dem Jahr 1968 eine Hand, die versucht, mit dem auf einen Wasserhahn gepressten Daumen den Wasserstrahl aufzuhalten. Natürlich spritzt das Wasser nach allen Seiten davon. Der Text dazu lautet: „Wenn wir offen miteinander reden ... das war die Idee für das Breitstrahl-System. Es hat den Miele-Geschirrspülautomaten berühmt gemacht.“

Seit den ausgehenden achtziger Jahren ist die Optik der Anzeigen relativ einheitlich geworden. Eine Kernaussage steht groß über einer plakativen Abbildung, erläuternder Text steht klein darunter, immer in der rechten unteren Ecke nun das Miele-Firmenzeichen. Trotzdem wird dieser strenge Rahmen immer noch variabel gehandhabt, ist mal rein informativ, mal lustig gestaltet.

Wie wichtig es ist, in den Fachmedien präsent zu sein, erkannte das Unternehmen sehr früh und lieferte der Presse umfangreiches Material, über das sie schreiben konnte. So wurde z.B. in den zwanziger Jahren der Kraftantrieb bei Milchzentrifugen in der Presse ausführlich diskutiert, wofür Miele Informationen aus der landwirtschaftlichen Praxis lieferte. Die Öffentlichkeitsarbeit, der heute so viel Wert beigemessen wird, war also von Anfang an nichts Außergewöhnliches.

Es erstaunt, wenn man hört, dass alle unternehmerischen Funktionen erst in den sechziger Jahren besetzt wurden. Erst Rudolf Miele und Peter Zinkann führten die klassischen Strukturen eines modernen Managements ein. Das bedeutet, dass es vorher keine ausdrückliche Stelle im Unternehmen gab, die z.B. für Design, für Forschung und Entwicklung oder für das Personalwesen zuständig war. Die Arbeit dieser Stellen wurde jedoch erledigt. So bestimmten z.B. Techniker mit besonderer künstlerischer Begabung die Form eines Gerätes.

Eine eigene Marketingabteilung gibt es sogar erst seit zehn Jahren. Doch schon die Gründer Carl Miele und Reinhard Zinkann betrieben systematische Marktforschung, die sie als Grundlage ihrer Entwicklungen berücksichtigten, und fortschrittliches Marketing. Nach den vier wichtigen Säulen, die jedes heutige Unternehmen als Basis für das so genannte Marketingmix nimmt – Produkt, Preis, Vertrieb, Kommunikation –, richteten auch sie ihr Handeln aus. Für sie stand das Produkt an erster Stelle. Dieses musste erstklassig sein, nur dann konnte man sich auch im hochpreisigen Sektor ansiedeln und musste sich mit der Konkurrenz keinen Preiskampf liefern. Dazu gehörten Garantie- und Serviceleistungen, die das Produkt beim Kunden noch attraktiver machten. Der Vertrieb über den Fachhandel war die logische Folge, da nur hier auch die entsprechende Dienstleistung durch den Händler sicher gestellt war. Der im Vergleich zu den Mitbewerbern hohe Preis der Miele-Geräte schränkte die Zielgruppe zwar ein, erreichte aber auch, dass sie zum Statussymbol wurden. Der Preis war bald nicht mehr wichtig, da die Produkte sich als „preiswürdig" bzw. „preiswert" empfohlen hatten. In den kommunikativen Maßnahmen begann Miele klassisch mit Anzeigen, Prospekten, Händlerwerbung. Heute benutzt man darüber hinaus vielfältigere Möglichkeiten, mit der Zielgruppe und dem Konsumenten zu kommunizieren, angefangen von einem professionellen Internetauftritt bis zu einer regelmäßig erscheinenden Kundenzeitschrift.

Auch ungewöhnlichere Werbemaßnahmen scheut die heutige Firmenleitung nicht. So stellte sich Rudolf Miele als Unternehmerpersönlichkeit 1997 für die Werbekampagne „Dahinter steckt immer ein kluger Kopf" der *Frankfurter Allgemeinen Zeitung* zur Verfügung. Umgeben von flatternden Wäschestücken auf einer riesigen Wäscheleine sitzt Rudolf Miele, verborgen hinter der Zeitung, auf einer Bank an seinem Urlaubsort Sylt. Dazu wurde die Anekdote kolportiert, dass Rudolf Mieles Ehefrau trotz aller Überzeugungsbemühungen die Wäscheleine immer noch einem Trockner vorzog, und der Unternehmer schließlich die Pfosten in seinem Gütersloher Garten einfach absägen ließ, um der Gattin das Markenprodukt nahe zu bringen. Wahrheit oder Anekdote? Auf jeden Fall gelungene PR. Imagefördernd war auch die Reaktion auf das Hochwasser, das im Frühjahr 1999 in Süddeutschland enorme Schäden verursachte. Miele versprach schnelle und kostenlose Hilfe: Alle Miele-Geräte, die durch das Hochwasser beschädigt wurden, setzte der Miele-Werkkundendienst oder der Miele-Fachhandel kostenlos bis zu einem Höchstwert von 700 Mark in Stand. Presse und Rundfunk berichteten über die Aktion, und unter dem Strich konnte das Unternehmen wieder einen in Geldwert kaum zu messenden Imagegewinn verbuchen.

1999

Seit dem 1. Januar ist der Euro das gemeinsame Zahlungsmittel in elf europäischen Ländern. Die nationalen Währungen bleiben noch bis zum Jahr 2002 in Kraft und werden erst dann von den neuen Münzen und Scheinen abgelöst.

RUDOLF MIELE, *Unternehmer*

Frankfurter Allgemeine

Die elektronische Steuerung ist das Rechenzentrum jeder modernen Miele-Waschmaschine

Der Blick ins nächste Jahrtausend

Das westfälische Unternehmen Miele & Cie. GmbH & Co. zählt heute zu den drei größten deutschen und den acht größten europäischen Haushaltsgeräteherstellern. Es wird von Rudolf Miele und Dr. Peter Zinkann als geschäftsführenden Gesellschaftern geleitet. Zum 100-jährigen Jubiläum am 1. Juli 1999 ordneten sie die Geschäftsführung neu. Neben Gerhard Miele, ebenfalls ein Gründerenkel, sind nun die familienfremden Horst Schübel (Hauptverwaltung, Finanzen und Controlling) und Dr. Eduard Sailer (Technik) Mitglied im Management. Als stellvertretender Geschäftsführer ergänzt Dr. Reto Bazzi (Marketing und Vertrieb) die Mannschaft.

Das Jubiläum markierte auch den Zeitpunkt, zu dem mit Dr. Reinhard Zinkann und Dr. Markus Miele – Söhne von Rudolf Miele und Dr. Peter Zinkann – die vierte Generation Positionen im Management übernahm. Aus dem operativen Geschäft wollen sich die geschäftsführenden Gesellschafter der dritten Generation nun langsam zurückziehen. Doch ihre Nachfolger sollen genügend Zeit zur Einarbeitung bekommen, bis sie die Leitung übernehmen.

Rund 14.800 Mitarbeiter sind in Deutschland und international für Miele tätig. Im Kalenderjahr 1999

Rudolf Miele

erwirtschafteten sie einen Umsatz von 4,1 Milliarden Mark, dem bisher höchsten Umsatz in der Unternehmensgeschichte. Davon entfallen auf das Auslandsgeschäft 55,8 Prozent, das sind über 2,2 Milliarden Mark. Über den Gewinn verrät die Geschäftsleitung nichts. „Er ist auskömmlich", lässt Rudolf Miele neugierige Journalisten wissen. Gegenüber dem *Handelsblatt* erklärte er 1999: „Wir lassen einen Großteil des Gewinns im Unternehmen, um unsere Investitionen solide zu finanzieren." Dennoch bleibe für die 60 Kommanditisten der Eigentümerfamilien eine angemessene Dividende übrig, so dass kein Gesellschafter „am Hungertuch zu nagen" hätte.

1999

Die Anteilseigner treffen sich jährlich zu einer Gesellschafterversammlung, außerdem wählen sie einen Familienrat, der aus jeweils drei Vertretern der Miele- und Zinkann-Familie besteht. Dieses Gremium kontrolliert die Geschäftsführung. Ein Gang an die Börse ist nicht geplant und bei der soliden Finanzlage des Unternehmens auch nicht nötig. Die Gesellschafter sähen ihre Anteile nicht allein als Geldanlage, sondern seien sich ihrer Verantwortung für den Erhalt und Ausbau des Unternehmens bewusst, wie Rudolf Miele gegenüber dem *Handelsblatt* betonte. „Daher können wir es uns auch leisten, den Begriff des Shareholder Value nicht als obersten Gedanken im Kopf zu haben, sondern den Fortbestand und die erfolgreiche

Mit einer Debatte über den Stand der deutschen Einheit tritt der Bundestag am 19. April zu seiner ersten Sitzung im Berliner Reichstag zusammen, der nach den Plänen des Architekten Sir Norman Foster umgebaut wurde.

Entwicklung des Unternehmens und der Marke". Ebensowenig wird die Übernahme weiterer Firmen aus dem Hausgerätebereich in nächster Zukunft in Erwägung gezogen. Wie Rudolf Miele meint: „Uns wird oft Appetit gemacht, aber wir erliegen nicht der großen Gefahr, dass man sich an diesem Appetit überfressen kann."

Um die Weichen für einen erfolgreichen Start ins dritte Jahrtausend zu stellen, hat sich Miele in den letzten Jahren besonders dem Gedanken des Umweltschutzes gewidmet. Alle Miele-Werke haben sich den strengen Miele-Umweltschutznormen verpflichtet. Zusätzlich wurde ein Umweltmanagement-System eingeführt, das nach europaweit gültigen Richtlinien zertifiziert wurde und 1998 auch den B.A.U.M.-Umweltpreis des Bundesdeutschen Arbeitskreises für umweltbewusstes Management erhielt. In zwölf Leitlinien formulierte die Geschäftsleitung ihre Grundsätze in der Umweltpolitik. Dort heißt es:
„Die Bewahrung der natürlichen Lebensgrundlagen erfordert von uns allen ein hohes Maß an Verantwortung im Umgang mit der Umwelt und den Ressourcen.
Getreu unserer Unternehmensphilosophie ‚Immer besser' wollen wir den Umweltschutz an den Werkstandorten kontinuierlich verbessern. Deshalb verpflichten wir uns, nach folgenden Umweltgrundsätzen zu handeln:
1. Es ist unser Ziel, auf höchstem Qualitätsniveau und in ökonomisch wie ökologisch verträglichen

Dr. Peter Zinkann

Verfahren Produkte herzustellen und zu vermarkten, die nicht nur ein hohes Maß an Leistung, Effizienz und Sicherheit aufweisen, sondern auch in ihrem gesamten Lebenszyklus die Umwelt möglichst wenig belasten.

2. Durch ein dokumentiertes und für Arbeitssicherheit, Gesundheitsschutz, Medizinprodukte, Pro-

dukthaftung, Produktsicherheit, Qualität und Umweltschutz gleichermaßen geltendes Managementsystem und durch die darin festgelegten Verfahren stellen wir die Einhaltung der umweltrelevanten Gesetze, die erfolgreiche Umsetzung unserer Umweltpolitik sowie alle erforderlichen Vorbeugemaßnahmen, Kontroll- und Korrekturmaßnahmen sicher.

3. Wir fördern das Umweltbewusstsein und die entsprechende Qualifikation unserer Mitarbeiterinnen und Mitarbeiter durch regelmäßige Informationen sowie durch Aus- und Weiterbildung auf allen Ebenen.

4. Wir motivieren unsere Mitarbeiterinnen und Mitarbeiter durch ein betriebliches Vorschlagswesen zu einer aktiven Teilnahme am Umweltschutz.

5. Durch innovative Produkt- und Verfahrensentwicklung bemühen wir uns um den sparsamen Einsatz von Rohstoffen, Energie, Wasser und sonstigen Gütern.

6. Im Rahmen unserer Tätigkeiten wollen wir die Entstehung von Emissionen und Abfällen noch stärker vermeiden. Dabei setzen wir unter Berücksichtigung unserer wirtschaftlichen Möglichkeiten auf den Einsatz der jeweils bestverfügbaren und umweltverträglichen Technologien.

7. Unsere Lieferanten und Dienstleister verpflichten wir zur Einhaltung unserer Umweltvorgaben.

8. Zusammen mit unseren Geschäftspartnern in Fachhandel und Fachhandwerk versuchen wir, die

1999

Der Sicherheitsrat der Vereinten Nationen stimmt im Juni einer Resolution zu, die den Weg zur Entsendung einer Friedenstruppe in das Kosovo freimacht. Damit ist der militärische Konflikt der Nato mit Serbien beigelegt.

Gebraucher in unser Umweltengagement einzubeziehen, indem wir auf eine umweltgerechte Bedienung der Geräte hinweisen.
9. Für die Rückgabe gebrauchter Verpackungen sowie für Altgeräte bieten wir unseren Geschäftspartnern in Fachhandel und Fachhandwerk anerkannte Entsorgungssysteme an. Dadurch wollen wir erreichen, dass Wertstoffe in den Materialkreislauf zurückgelangen.
10. Wir unterrichten unsere Mitarbeiterinnen und Mitarbeiter, die zuständigen Behörden, die Fachwelt sowie die interessierte Öffentlichkeit mittels Umweltberichten und standortspezifischen Umwelterklärungen sowohl über die von unserem Unternehmen ausgehende Umweltbeeinflussung als auch über unsere Maßnahmen zu ihrer Vermeidung oder Verringerung. Dabei ist der offene Dialog für uns selbstverständlich.
11. Die Teilnahme am Umweltmanagementsystem gemäß DIN EN ISO 14001 sowie an der Verordnung (EWG) 1836/93 ist für uns eine Herausforderung, der wir uns auch weiterhin stellen wollen.
12. Wir stellen die Mittel für die Umsetzung unserer Umweltpolitik zur Verfügung.“

Die Produktbereiche bei Miele gliedern sich in die Geschäftsfelder Haushaltsgeräte, Küchen und Professional auf, wobei das Produktfeld Haushaltsgeräte immer noch den Kernbereich bildet. Dieses lässt sich in verschiedene Sparten unterteilen: Wäschepflege, Geschirrspülen, Einbaugeräte – für Kochen und Genuss – und Bodenpflege. Gerade bei den

Blick auf die heutigen Miele-Werksanlagen in Gütersloh

Haushaltgeräten ist Miele sehr darauf bedacht, den Anschluss an die Zukunft nicht zu verpassen. So haben die Miele-Ingenieure in den vergangenen Jahren speziell für die Waschmaschine zahlreiche Innovationen entwickelt, wie die Progamme für handwaschbare Wolle oder empfindliche Textilien wie Seide, mengenproportionales Waschen – bei weniger Wäsche reduziert sich der Wasser- und damit der Stromverbrauch –, oder die Beladungserkennung und Dosierempfehlung. Zu den jüngsten Entwicklungen gehört die „sprechende Waschmaschine", die es Sehbehinderten und Blinden ermöglichen wird, die Waschmaschine selbstständig zu bedienen. In Zusammenarbeit mit dem Fraunhofer-Institut für Mikroelektronische Schaltungen und Systeme und dem IBM Forum HandicapCenter entstand eine internetfähige Waschmaschine mit eigener Homepage, die über einen Homepage-Reader ihren Programm-Status mitteilt. Auf dieser Technologie können weitere Entwicklungen aufbauen, denn in Zukunft wird es sicher im Haus einen zentralen Rechner mit Sprachausgabe geben, über den zusätzliche Hausgeräte gesteuert werden können.

Das Küchenprogramm hat Miele in den letzten Jahren weiter ausgebaut und bietet nun sieben Designs an: Flair, Primera, Avantgarde, Life, Romantic, Classic, Tradition, hinzu kommt das Modulsystem Freestyle. In der Herstellung unterscheiden sich diese Küchen durch die neue, so genannte Foldingtechnik von anderen Küchen: Der einzelne Korpus wird nicht aus Seiten-, Ober- und Unterteilen gefertigt, sondern komplett aus einem Brett, wodurch ein absolut stabiler Korpus entsteht. Der Vorteil für Kunden und Händler liegt darin, dass eine Vielzahl unterschiedlich großer Schranktypen standardmäßig angeboten werden und z.B. für alle Tätigkeiten in der Küche die ideale Arbeitshöhe realisiert werden kann. Jede Tätigkeit kann so in der ergonomisch richtigen Höhe verrichtet werden, Fehlhaltungen wird vorgebeugt. Langlebigkeit, hohe Funktionalität, die Verwendung unkritischer Rohmaterialien und der weitestgehende Verzicht auf PVC charakterisieren die Umweltverträglichkeit der Miele-Küchenmöbel. Sie übertreffen die Prüfkriterien der Möbelnorm teilweise um das Vier- bis Fünffache. Bei Holzwerkstoffen kommen nur Platten der niedrigsten Schadstoffklasse zum Einsatz, bei Massivholzküchen werden grundsätzlich keine Tropenhölzer eingesetzt. Durch den Verzicht auf PVC ist es beim späteren Recycling möglich, Holz, Holzwerkstoffe und deren Verbundprodukte komplett zur Erzeugung von Energie und Prozesswärme einzusetzen.

Mit dem Bereich Professional bedient Miele den gewerblichen und industriellen Einsatz ihrer Geräte. Diese umfassen Waschmaschinen, Wäschetrockner und Mangeln für Waschsalons, Geschirrspüler für Hotels und Restaurants und Reinigungs- und Desinfektionsautomaten in Labors und Kliniken. Auch hier stehen die Themen Umweltverträglichkeit und Effizienz an vorderster Stelle. Bei der gewerblichen Wäschepflege gibt es deshalb Geräte, die mit Strom oder mit umweltschonendem Erdgas beheizt wer-

Industriereinigungs- und Trockenautomat aus dem Produktbereich Professional

den können. Technologien wie Wasserrückgewinnung bei Waschschleuderautomaten, 2/3-Prozess-luft-Kreislaufführung bei Großtrocknern, Direktbeheizung bei neuen Muldenmangeln oder die Mehrfachnutzung des Spülwassers bei gewerblichen Spülern mit Tanksystemen führen ebenso zu einer Entlastung der Umwelt und zu höherer Wirtschaftlichkeit.

Das Unternehmen Miele lebt heute von dem Kompetenzanspruch, den die Gründer in frühen Jahren zu etablieren wussten. Der Verbraucher assoziiert mit dem Namen Miele sofort die gute, langlebige Qualität der Haushaltsgeräte. Ein wichtiger Aspekt in Zeiten, wo sich ökonomische und technische Leistungsfunktionen von Produkten immer mehr angleichen und der Kunde seine Kaufentscheidung meist nach dem Image einer Marke trifft. Ausruhen darf sich die Firma auf diesem Wettbewerbsvorteil nicht, dessen ist sich die Firmenleitung bewusst. Deswegen ist es um so wichtiger, nach der seit Jahrzenten gültigen Unternehmensphilosophie auch in Zukunft zu handeln: „Geräte mit hohem Qualitätsanspruch und Gebrauchsnutzen zu entwickeln und zu produzieren, nach dem jeweils neuesten technologischen Stand zu optimieren und sich um die Einführung der Geräte auf dem Markt und im Einsatz beim Käufer zu kümmern."

Anlässlich des 100-jährigen Firmenjubiläums wurden die Geschäftsführer Rudolf Miele und Peter Zinkann 1999 in die sogenannte Hall of Fame aufgenommen, mit der das *Manager Magazin* wegweisende Unternehmer porträtiert: „Unternehmertum braucht Vorbilder", die Hall of Fame sei „eine symbolische Ruhmeshalle für jene, die Großes für den ökonomischen Aufschwung des Landes geleistet haben. ‚Gegen Mutlosigkeit und Mittelmaß' lautet die Losung dieser Initiative", so erklärt die Zeitschrift ihre Beweggründe für diese Rubrik. In seiner Laudatio erläuterte der nordrhein-westfälische Ministerpräsident Wolfgang Clement an Hand der einzelnen Buchstaben des Firmennamens seine Bewunderung für dieses Unternehmen:

„Miele, da steht das ‚M' für mich in erster Linie natürlich für Marke. Miele ist, wie unsere britischen Nachbarn das so treffend sagen, im besten Sinne des Wortes ein Householdname. Ein Name, mit dem Generationen groß geworden sind und jetzt und weiterhin groß werden. Aus dem Familiennamen und dem Familienunternehmen Miele die Marke Miele gemacht zu haben, das ist eines der großen Verdienste der beiden Laureaten.
Eine Marke ist wie ein ständiges Versprechen, das es einzuhalten gilt. Bei Miele steht die Marke für hohe und höchste Standards. Und zwar innerbetrieblich als auch im Markt.
Nebenbei bemerkt: Mein Wirtschaftsminister fährt, wie er mir gerade gestanden hat, heute noch ein Miele-Fahrrad aus dem Jahre 1947. Das spricht nicht für seine Bereitschaft, den Markt zu beleben, aber sehr wohl für die Beständigkeit des Unternehmens.
Mit dem ‚I' in Miele verbinde ich zwei Begriffe, Innovation und Integrität. Innovation ist integraler Bestandteil des Erfolges von Miele. An der Spitze der technischen Entwicklung, bemüht um herausragende Qualität, das ist das Versprechen, auf das die Kundinnen und Kunden von Miele vertrauen können.
Sie dürfen auch darauf vertrauen, daß Miele in Umweltfragen auf Innovation und Exzellenz setzt. Der Umweltbericht der Firma ist ein Aushängeschild des Unternehmes. Die elf Grundsätze der Umweltpolitik, auf die alle Mitarbeiterinnen und Mitarbeiter eingeschworen sind, lassen sich als Anspruch in zwei Worten zusammenfassen: immer besser.
Das erste ‚E' von Miele steht für Engagement oder

schlicht für Einsatz, unermüdlichen Einsatz. Einsatz für den Erhalt des Unternehmens, Einsatz für die Zufriedenheit der Kunden, Einsatz für die Umwelt und die Produktsicherheit. Aber auch für den Einsatz von zukunftsweisenden Strategien. Zum Beispiel im logistischen Bereich.

Ich wage die Behauptung: Wenn alle Unternehmen in Deutschland sich an dem logistischen Konzept des Unternehmens Miele ein Beispiel nähmen, dann hätten wir die Verkehrsprobleme in Deutschland, in und um Frankfurt oder Köln in kürzester Zeit gelöst. Immerhin beliefert das ostwestfälische Unternehmen heute die ganze Welt, werden enorme Zuwächse vor allem im Ausland erwirtschaftet.

Die traditionelle Zurückhaltung in der Veröffentlichung von Ertragszahlen gehört auch zum Markenzeichen des Hauses Miele. Aber diese Zurückhaltung korrespondiert mit einer seltenen und aus meiner Sicht sehr angenehmen Eigenschaft. Ich meine damit die Tatsache, daß das Unternehmen notwendige Investitionen, auch in dreistelliger Millionenhöhe, aus eigener Kraft finanzieren kann. Das ist, wie ich insbesondere aus der Perspektive öffentlicher Hände bestätigen kann, beneidenswert. Und ich empfehle es ausdrücklich zur Nachahmung.

Das ‚L' bei Miele steht für ein großes Wort, nämlich Lebensleistung. Die Herren Rudolf Miele und Peter Zinkann haben in ihrem bisherigen Leben wirklich Großes geleistet, das sie beruhigt in die Hände ihrer Nachkommen und Nachfolger legen können, damit das Staffelholz in ihrem Familienunternehmen bleiben kann.

Der letzte Buchstabe im Wort Miele ist das ‚ E‘ wie Erfolg. Erfolg ist immer eine Folge von harter Arbeit, von Leidenschaft und Tatkraft, von Unternehmergeist und der Lust auf Neues, die Folge auch von Gemeinschaftssinn.
Beispielhaft will ich jetzt nur zwei bahnbrechende technische Innovationen erwähnen, die unseren Alltag und den unserer Vorfahren nachhaltig positiv verändert haben.
Da war einmal im Jahr 1934 der Waschkessel mit Wärmerückgewinnung, eine Folge des Pioniergeistes der damaligen Zeit. Und es waren im Jahr 1978 die ersten durch Mikrocomputer gesteuerten Waschautomaten, Geschirrspüler und Wäschetrockner.
Möge das Familienunternehmen Miele auch weiterhin zu den besten und vortrefflichsten Botschaftern der Bundesrepublik Deutschland und natürlich

Nordrhein-Westfalens zählen. In unserer Tradition wünsche ich den Herren Miele und Zinkann ein herzliches Glückauf."

Bibliographie:

Miele & Cie. GmbH & Co. (Hg.): Miele im Spiegel der Zeit. Chronik zum 100-jährigen Jubiläum. Gütersloh 1999

Terrahe, Jürgen: Carl Miele – zu seiner persönlichen, familiären und heimatlichen Geschichte bis 1899. Miele & Cie, Gütersloh 1998

Haase, Ricarda: „Das bisschen Haushalt...“? Württembergisches Landesmuseum, Stuttgart, 1992

Renk, Heinz / Ruhe, Ernst: Männer der Wirtschaft. Unternehmen der Gründerzeit. Monografie des Landkreises Wiedenbrück. Wiedenbrück 1966

Schneider, Ursula: Das Paradies kommt wieder. Zur Kulturgeschichte und Ökologie von Herd, Kühlschrank und Waschmaschine. Museum für Arbeit, Hamburg 1993

Silberzahn-Jandt, Gudrun: Wasch-Maschine. Zum Wandel von Frauenarbeit im Haushalt. Marburg, Jonas-Verlag 1991

Bildquellen:

Alle Abbildungen aus dem Archiv von Miele & Cie. GmbH & Co, Gütersloh